U0954055

国家体育总局武术研究院
国家体育总局武术运动管理中心
中国武术协会九段评审专著

拳意图释

刘普雷⊙著

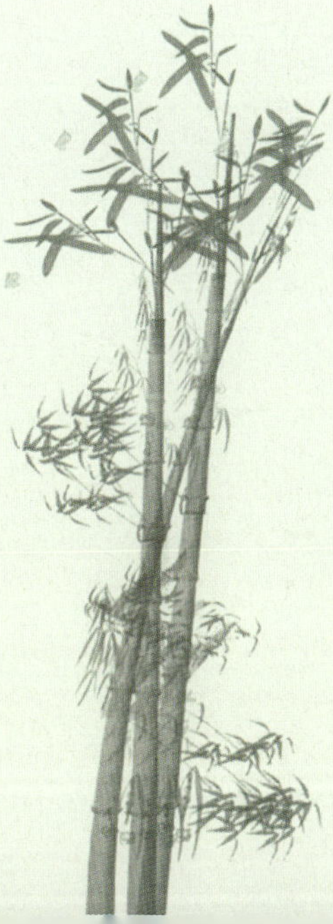

中国发展出版社
CHINA DEVELOPMENT PRESS

图书在版编目（CIP）数据

拳意图释 / 刘普雷著. —北京：中国发展出版社，2019. 6
ISBN 978-7-5177-1019-6

Ⅰ. ①拳… Ⅱ. ①刘… Ⅲ. ①武术—研究—中国 Ⅳ. ①G852

中国版本图书馆CIP数据核字（2019）第120761号

书　　名：拳意图释
著作责任者：刘普雷
责 任 编 辑：钟紫君
出 版 发 行：中国发展出版社
（北京市西城区百万庄大街16号8层 100037）
标 准 书 号：ISBN 978-7-5177-1019-6
经　销　者：各地新华书店
印　刷　者：北京密东印刷有限公司
开　　本：720mm × 960mm 1/16
印　　张：15
字　　数：200千字
版　　次：2019 年 8 月第 1 版
印　　次：2019 年 8 月第 1 次印刷
定　　价：128. 00元

联 系 电 话：（010）68990535 68990692
购 书 热 线：（010）68990682 68990686
网 络 订 购：http：//zgfzcbs. tmall. com//
网 购 电 话：（010）68990639 88333349
本 社 网 址：http：//www. develpress. com. cn
电 子 邮 件：10561295@qq. com

版权所有 · 翻印必究

本社图书若有缺页、倒页，请向发行部调换

推荐序一

中国武术协会原副主席，北京武术院原院长
北京武术队原总教练，李连杰的武术指导
吴彬

刚刚从普雷处得悉，他的心血之作《拳意图释》，即将由中国发展出版社推出面世，甚是喜悦。聊作数语，希望能够为他的著作，添上一道亮点。

普雷是我在1963期的学员。他出生军旅世家，德祖曾高中清代武探花。他能够习练传统武术，可谓家学渊源，来到我的门下，由长拳起步，足见其志存高远。又遍访名师，勤练深研，坚持站桩50年，累计超过30000小时。在担任领导职务后，仍然研练不辍，仅此一点，就足以为武林中人之楷模！更可贵的是，他在担任领导职务后，适逢中国的改革开放事业不断推进，新的传播手段日新月异，泰拳、跆拳道、自由搏击等境外的搏击技能被广泛引入传播的背景下，先是接受我代表全国武术界的委托，开始转向武术的研究和管理工作，更能够大胆尝试，亲力亲为，策划了一系列重要的赛事和电视节目，自任解说，对武术在新时代以新手段的推广传播工作，发挥了奠基性的作用。

而今，他又把自己毕生的体悟，形诸文字，配上示范的图片，希望能够做一些正本清源的宣传普及，更是体现了他对于武术事业深切的责任担当。从他书稿中，我们可以感受到这一份历经岁月沉淀，更加深切的赤子心怀。

一片殷殷情怀，足以令同侪感佩。需要注意的是，他所有的努力，其实都是为了澄清当今的世人，特别是受过相当现代科技教育训练的国人，对武术的一些误解。

我们必须正视，西方流行的一些搏击技巧，因为有现代科技的指导，其训练、传播的科学性、规范性、可重复性，确实值得学习借鉴。但我们不能因此就从核心价值的层面彻底否定中国传统武术。我们应该有自信，更要有自觉，使得中国武术，在新的时代得到更快的发展，被更有效地传播弘扬。这才是正确的态度。

可以无愧前辈、告慰国人的是，在这个正确的方向上，我们一直在努力，一直在进步。今天，应该让越来越多的关心中国武术、热爱中国文化的中外朋友，更多地认识、传播我们努力的成果。这才是我们真正负责的态度。

以普雷为代表的一线的领导者、组织者、实践者，正是遵循了这个正确的态度，才使得中国武术不仅薪火不灭，更在新的时代焕发出了巨大的光彩，扩大了自己的影响力。这里尤其需要提到的，现代武术影视化传播的事业，对传统武术时代化的发展传播也起到了直接的作用。我此生有幸，培养出了李连杰、吴京两位由全国冠军转入影视产业，打拼出属于自己影响力的弟子。他们同普雷等一线领导者、组织者一道，乘着中国经济社会发展最好时期的东风，取得了弘扬中国传统武术事业前所未有的辉煌成就。希望在新的时代，他们都能在各自的位置上，不断精进，承上启下，带领着他们的下一代人，取得更大的成就！

在这个意义上，才能理解普雷的心血之作出版的重大文化价值和社会价值。张昕做为摄影师，具中国武协颁发的综合格斗裁判员及教练员证书资格，还多次担当大型职业擂台赛事评论，为《拳意图释》增色有加，功不可没！图书出版与影视传播，各有所长，各有作用，应该更深度地融合共进。中国发展出版社，是国务院发展研究中心所属的出版机构，对我国的宏观经济政策，各个产业的发展战略等，都有着深入的理解。而今，能够把眼光投射到中国武术的现代传播事业，是他们对新时代的中华民族文化自觉自信担当的体现，也是他们对“中国发展”的内涵更深刻广泛认知的成果。在此，应一并表示感佩！希望他们能够在这条道路上，组织起更多的力量和资源，取得更大的成就！

守中用中修正果，无形无意是真意。最后，再次向各位读者，特别是中国传统武术的爱好者、习练者，推介这本正本清源的、具有极强的现实指导性的著作！

吴彬

二〇一九年四月十日

推荐序二

亚洲武术联合会主席 霍震寰

君坚持站桩50年累积3万小时，可谓恒；大力推行擂台职业化、赛事品牌化，已初具产业规模，可谓德；解说评论直播搏击赛近万场，听众观众上亿人，可谓诚。武者众，然境不同。由此提炼升成之著，诚可参阅。欣闻普雷先生的大作《拳意图释》即将付梓，甚为感佩，聊作感言。

普雷先生祖籍广东中山，为军旅世家，13岁起投北京武术教练吴彬先生习练长拳，后师从四民武术社吴先生、健身武术社傅先生学习六合拳、龙虎罗汉拳。1967年7月间由王金铭先生引荐至姚宗勋先生处，正式练习意拳。在改革开放的新时期，普雷先生积极进行武术项目的研究规范、市场推广。而今，更将自己的心得体悟，形成著作，实为中国文化建设传播事业一项可贵的成果！

众所周知，武术与中医、戏曲等，都是中国自身文化传统的重要载体。随着时代的发展，与时俱进，焕发出了新的活力，成为中国文化的亮丽名片！这个历史过程，恰是我们中华民族近代以来奋起历程的集中体现。

每一个国家的文化传统，都是斯土斯民，在生生不息的历史中，适应自己所处的环境，解决生存、安全、享受、发展、自我实现等层次的需求，筚路蓝缕，不断探索，随时吸收内外的各种经济社会发展成果，借助各种手段发展出来的，被自己的人民广泛认可的，在世界文明中，具有各自的不可替代的价值体系。一个国家有多么悠久伟大，她的文化就有多么辉煌博大！同样，在普通人的观念里，一个国家有着什么样的地位，她的文化自然就有着什么样的进步性和号召力。

中华先民，在历代先贤的引领下，形成了博大精深的中华文化。作为一个曾经是四方敬仰、万邦来朝的伟大文明，也曾经被广泛仰慕，并使一代又一代中华儿女，树立传承着越来越深厚的文明的自豪与自信！这种自豪与自信，正是我们民族历尽万难而不屈，屡蹶屡起，愈挫愈奋，在经历了近代以来的屈辱与苦难后，仍然能够被世界越来越重视的最坚实强韧的内因。

因此，促成中国文化新的自信和国际影响力，就成为实现中国梦的一项重要内涵，也是基本的思想文化基础。

愚以为，中国文化的核心价值，就是自强不息、厚德载物。中国文化追求自身的强大，但并不以征服、侵略为目的，而是为了抵御外来的侵扰伤害，更是为了强健完善自己，使自己有更强的能力，可以更持久地为世界做出更大的贡献。在武道中，就是所谓“重剑无锋，仁者无敌”。当中国和整个世界，已经进入产能过剩、物欲膨胀、导致了各种危机的时代，这种文化的价值，就会被越来越广泛地体认。

普雷先生的可贵可敬之处，就是在他的习练、传播意拳等武术的过程中，以及担任官方职务之后，不仅自己持之以恒，不断深化自己的体悟，更能门户大开，积极推广，且与时俱进地以市场化的手段，利用现代传播技术和信息化的成果，将中国武术在新的时代发扬光大，传播久远。在主持创办了若干热播的武术散打电视节目，且亲自解说，向市场大力推广之后，又将自己毕生所学的心得，形成规范且直观的，可以直接用来指导习练者、爱好者的成果，足以最大程度地杜绝各种误解、误导，大大有益于中华武学的传播发展。须知，正本清源是守正创新真正的起点。

张昕是我意拳师门晚辈，深得桩功其要，故拍摄其师由形会意，颇有升华，堪称绝佳。中国发展出版社，作为我国重要的智囊机构所属的出版机构，能够及时将普雷先生的大作推出面世，无疑是一件极有市场眼光，更深具社会意义的工作。这充分体现了该社编研人员对中国文化发展的责任感。希望这样的出版机构能够有更多这样的工作。

再次祝贺普雷先生的著作付梓！

霍震寰

二〇一九年四月十六日

目录

第一篇

意文浅释

神出拳意化，游刃逸为仙

"无拳无意是真意"，郭云深先生素以"半步崩拳以制天下"而闻名。姚师（我的老师姚宗勋先生，以下简称姚师）生前评论"郭先生半步崩拳并不为奇，而能使诸多高手偏偏落入半步崩拳之中才是精妙之处"。可见郭先生已将形意拳中形与意的关系揣摩至极、形简意繁、非三拳两腿般功夫可察其一二。

与许多拳术套路相比，形意拳的基本练法已经很简单了，三体式、五行拳。而这其中符合实战的拳术原则却十分精道，芗老（意拳宗师王芗斋，以下简称芗老）正是师承郭先生所授形意拳的"以身为拳""分合为变"的紧要之处，从而奠定了宏扬拳学、独树一帜的基础。这个时期的王芗斋，还没能完全脱离应招用法、打力变巧的痕迹，从访河南省少林寺恒林和尚，至会福建方鹤拳名家方恰庄先生，都能够悟到芗斋先生的拳学境界还难称入化之境。直至湖南长沙心意拳巨子谢铁夫先生处，无论搭手断手，几乎是一触即出，才顿悟谢先生双臂柔荡之中，诸多机巧刚柔变化已包揽无余。姚师曾有评述："一个简单的三体武，演变为神龟出水的吞吐分合，收与放、蓄与发，生生不已，神鬼莫测，有感斯应，触则即发；这是芗老创立意拳的最深感受、最大启示，对意拳基本功的确立有非凡的意义。"

王芗斋先生

姚宗勋先生

应该看到，芗老于20世纪20年代中期创立意拳，还是经历了逐步完善、逐步深入的过程，时间跨度约为20年，这期间，有芗老研究总结自身习拳体认的心血，又有芗老对意拳第一代传人授功辅业的再认识、再深化的努力。这完全是一个连续的、密切相关的过程，就像一个人由少年成长为青年，直至成人立业。

集武术诸家之大成，最精粹的就是“意”。前人谓：“宁传十招艺，不授一口气；宁传十口气、不透一点意”“意即为力”。这正是历代武术通家孜孜以求的拳中精义。人的意，首先是人的感觉综合能力高度发达的结果，而感觉则是感官、脑的相应部位和介于其间的神经三个部分所联成的分析器统一活动的结果。就感觉具体而言，又因分析器的不同而分为视觉、听觉、味觉、嗅觉、肤觉、运动觉、机体觉、平衡觉等许多类别。从某种意义上讲，人正是由于博大神秘万变的自然造成，具体说，又是各种复杂的环境刺激造就了人。为了适应万变莫测的生存环境，人和动物都必须生成和发展自身专司感受各种刺激的结构，这就是感受器。感受器种类繁多，复杂程度各异。

在高等动物头部有视觉、听觉、嗅觉和味觉等高度分化的感受器官；在皮肤有压力、热、冷等感觉器，在身体内部有各种接受机械刺激、温度变化或者是化学变化的感受器，而痛觉感受器就几乎是遍及全身了，这便形成了人和动物感受以及分析某种刺激的整个功能系统，这种功能系统就包括了感受器、传入神经通路和相应的各级神经中枢。

我们知道，人对于危险有特殊的感觉能力，某种声响，某种气味，某种景象，某种程序的痛感，某种物体与人体的距离等，都会使人意识到或直接感应到涉及性命的危险，而迅速做出相应的反应。这对于野生环境中的动物，就表现得更为突出。而被几乎所有的拳术家都奉为“宗师”的具代表性的猿、豹、鹰、蛇等动物，它们令人称绝的搏击本领，只是为了存活这样最简单的道理，因刺激而感，因刺激而应，而本能做出反应来制敌求生而已。经过千百万年优胜劣汰的自然选择，动物们对危及自身反应，才达到了难以挑剔的水准。

人类也曾经是动物中的一员，无疑，人类在漫长艰辛的进化过程中，也曾有过足以与各类堪称搏杀高手的任何一种凶禽猛兽抗衡的辉煌一页。那个时代的几乎任何一个成年的人类先民，都可以使当今的搏击专家不可能有丝毫表演、输赢的念头，而陷入真正的生死选择之中。人类在自然界中的物种优势，决非偶然轻易得来的，这优势保证了人类从低级劳动到高级劳作的发展，保证了人类从简单的感觉阶段发展到现在的高级思维阶段。

然而，有所得亦必有所失。人的思维、意识高度发达，生存环境产生巨大变化，较之洪荒时代的险恶生存环境，人类的危难感大大降低，人类天成的搏杀功能，已逐步退化成仅由少数成员掌握的专项技术。而千百年来专门从事这种专项技术的人，在苦苦练习研究之终，也不约而同地发现，搏击专家们以毕生心血追求的，正是人类先民曾广泛拥有的、极寻常的生存功能罢了。

当然，在人类大脑高度发达的今天，单纯地重造和回归那古远的生存功能既无必要，亦无可能。但是，人所独有的大脑思维、意识能力在最大限度地发掘、调动人体潜能方面，都会发挥出近乎神话的功效。我们已经知道，远古人类和动物高超的搏杀能力，是险恶而又微妙的自然环境反复的多元刺激而形成的，人类的这种能力，已随着自然环境的良性变化而退化。即使是这样，人在突然面临生死抉择的应急关头，仍会激发出超常的反应、速度、耐力和爆发力。这就是说，人的这种能力，并没有完全消失，它是被压抑、被收敛、被浓缩到了最低状态。面临一般的诸如格斗练习、散打交流、拳击或摔跤比赛之时，会很习惯地权衡利弊，计得计失，会有许多种心理压力、心理矛盾、心理障碍；会惶惧，会犹豫，会茫然，会变得四肢无力，会变得全身僵硬，手足无措；会使满有名气的拳师到了断打时忘了拳法，会使世界级运动明星在关键时刻大失水准。无论你愿意不愿意，这些也都是由人的意识支配进行的。

那么，是否是说，人的意识的高度发达，势必造成人体诸如搏击等运动能力的必然消退呢？在这方面，人的意识仅仅起到了完全消极的作用呢？其实不然，我们承认存在决定意识，而人的意识又具极强的相对独立性。从某种意义上讲，意识可以再造出某种相对的环境。

古人所谓“境由心造”，自有一番道理。我们已经知道：意识，是高度完善、高度有组织的特殊物质——人脑的机能，是人所特有的对客观现实的反映。意识对物质的的反映是能动的。这就是说，它既是物质高度发展的产物，是存在的反映，又对存在起着巨大的能动作用。意识使人能够用从客观现实中引出的概念、思想、计划等来指导自己的行动，使这行动具有目的性、方向性和预见性。因而意识也能够反过来对物质发展的过程，起到巨大的促进或者是阻碍的作用。

第二篇

习拳入门

防患于未然，立足于不败

宏观上论拳术训练，可称是尽招尽法又是无招无法，不拘于拳术套路招式的特点正是拳术发展的趋向。其实，许多拳术名家都强调“拳打千遍法自然”“无形无意是真意”。说到底，我们习拳依循的正是自然之法，据此才能“一法不立，无法不容”。我们常见到的拳术基本招法，多少都带有一定的主观人为痕迹，表现为招式用法与实践状况的脱节。

具体讲，一名拳手经过反复练习掌握了形式规范的击拳踢腿动作，如果此时让他去攻击固定的木桩或沙包，他一定会感到空手练习与接触实物的区别；经过击打实靶的练习，这名拳手的击拳踢腿较之原先的练习就会有改进和提高；如果此时让他去攻击不规则移动的靶物，他又会感到击打固定目标与击打移动目标的区别；经过击打移动靶的练习，这名拳手又会使击打技术得到改进和提高，如果再由执靶人一边移运靶位，一边少以拳脚攻击这名拳手，那情况又会不同，他还要经过反复多次训练，才能够得以改进和提高击打技法的水准。练到这样的程度，这位拳手还没有与较高水平的拳手真正交手呢！而与对手的实地对抗也同样要一步一步地进行，要求双方拳手戴上拳套和护具，先限定互相的攻击部位（一般先不要攻击头部），规定一两种较为熟练的攻击手段，还要限制每次攻击只允许二三个动作……仅仅这样，这位拳手又会发现原先练习阶段所没出现的问题。

当然，有不少动作和技法，也只能在这个阶段才可以教授给学员。但有一条，我们比较聪明的学员是基本明确了他所需要掌握的是一系列的综合功能；不是单纯的拳、脚、膝、肘，也不是成套的防上击下，闪进摔拿，而是搏斗的双方在重心把握，距离调整、虚实转换，应变能力，机时分寸、勇气胆魄、心理素质、战术机巧等方面的控制与反控制的全面较量。

应当总结诸多拳种训练及应用的更精粹的核心，基于这种完整全面的拳术原则来确定自己的拳术原理和指导方针。芗老将此概括为："拳学一道，不是一拳一脚谓之拳，也不是打提三携两谓之拳，更不是一套一套谓之拳，乃是拳拳服膺谓之拳。"深刻而精粹地阐明了拳意之精义所在。

拳术的主要训练手段——精神假借

诸多的实用拳术中，有各样的训练手段：有反复演练套路而再行拆招的；有苦操铁沙掌专注实打真搏的；有主功力者；有主机巧者……各显特色，仁智千秋。只有将意感相融的精神假借奉为功法支柱并贯穿基本训练和实战应用之始终，才会使诸般拳法精活。

说起精神假借，有些人会感到很虚幻，在那里空空一想就能练成高手？简直像天方夜谭！我们从事的精神假借是意识所导演的、针对人在搏击中所需的各种感官对不同刺激的反应、综合协同能力的训练、人体高级神经系统的科学手段。经过这种训练而更趋完善，更具效益的高级神经系统，才可以通盘指挥调度人体各肌肉群更合理有效地发挥作用。

首先，要以精神假借来训练我们的重心感、平衡感，这是技击中最重要的一环。不论怎样高超的搏击专家，如果他的平衡器官出了问题，那他连最普通的站立都很难做到，还谈什么拳法步法呢？常识告诉我们，在颠荡不止的车船之上，不凭牢固的支撑物辅助，谁都无法似平地上一样做出准确有力的完整动作。所以拳术的站桩、试力、步法、发力等基本练习中对此都有十分细致的要求，也做了针对人体重心、平衡感官专门的精神假借，这也是训练周身鼓荡，遍体无处不弹簧的核心所在。

其次，是以精神假借训练我们的整体协调感。我见过一幅配照片的报道，有一位著名拳击手用老虎来做对手陪练，当然，这老虎是被特制的铁架固定住，只露出虎头和戴着拳套的两只前爪。这至少说明既便是凶猛的老虎，如果单凭两只前爪的局部力量，它的威力也肯定是大打折扣了。一些训练不得法的拳手，他们的挥拳扫腿都是很单纯的伸臂抬脚。诸如步法身法的运用，进退攻守的转换，就是外行人看也会感到不舒服的。因此，必须是“拳拳服膺谓之拳”，在基本功法中，格外注重精神假借的整体感应，以“空中旗，渊中鱼”“唯风力水力是听”的意境来训练人体“一动无不动，无微而不合”的整体协调能力。

再次，就是以精神假借来训练我们意力运用的矛盾感。兵法云“兵以诈立、以利动、以分合为变”。拳谚亦曰“拳打人不知”。这都是强调对手是活的，是同样诡诈多变中欲于死地的。具体到精神假借的训练中，“筋伸骨缩”就是矛盾，举手投足均是“行乎不得不止，止乎又不得不行之”的矛盾状态，切实达到“人不知我，我独知人”，攻中有守，退中寓进，真假虚实，神鬼莫测的境地。

最后，根本的还是以精神假借来训练我们的精神激发状态，经过这种特定的训练，才能使我们的综合搏击潜力得以最大限度超水平发挥。姚师常常戏言：“横的楞的怕不要命的，玩命的都怕神经病的。”其实就是个精神状态所致。兵法上也有“置于死地而后生”之论，离开精神激发而单论功力、技法都是不完整的。

现在我们已经清楚，训练中所设的各种精神假借，的确是假设的、虚的；但是由精神假借所诱发的人体感官、神经系统、机体功能的被调动被运用，被完善提高的，这都是客观、切实的物质结果，都是形成人体搏击功能的最佳途径。需要讲明，精神假借训练，确实是拳法中的支柱和灵魂。这并不是说习拳可以放弃除此之外的任何训练，恰恰相反，通过精神假借训练，使人体各感官对神经系统的联系更加及时精密，使神经系统与全体肌群牵动筋骨的联合作用更加协调高效。许多拳种中的基础功夫都是我们学习借鉴的关键环节，但这已是经过消化理解的借鉴，而不是机械地照搬过来拼装而成。

还需要认识到，对拳理的学习，本身就有一个由表及里、由浅入深的了解过程，即使因为亲身体验了拳术好手的功夫，心悦诚服地下决心学习，也还有一个能不能把老师所授内容真正弄懂，进而使之能被我们用手接过来，掰开，送进嘴，咬下来，嚼烂，咽下，消化，吸收，最终转化成自己的技能的曲折艰辛的过程。既然如此，初学者只能是一个台阶一个台阶地“登堂渐入室”，如果纯粹研讨拳理倒也罢了，问题是这一个又一个台阶是需要习练者边认识理解，边投身体认，不断地在实搏对抗中印证所学，悟明所得，得失均益，才能不断提高。

这时，做为老师，要了解学员心性特点及身体条件、功法基础，因人施教。而做为学员，更要善于根据自己的已有基础，将老师所授融入其中。有的学员，已经具备了很好的长拳基础，腰腿灵便；有的学员基本掌握了拳击、散打的要领，对于距离感，对于综合技法已不生疏；有的学员天生膂力过人；有的学员应敌状态好，心理稳定；有的学员胆魄惊人，气势袭人……这些都是极有利的条件，与因人施教、循序渐进的原则并无抵触。做为老师，不可能使所教的学员完全都与自己的技术风格一模一样；做为学员，也不可能学得与老师完全相同，总会有自己的特色。以上这些，就是要提醒热爱并有志学习掌握拳要者，能够从一开始就牵好主线，发挥自身长处，勤思善悟，体认寓意，顺利地步入初习之门。

第三篇

桩功概述

练拳桩根本，百练一站先

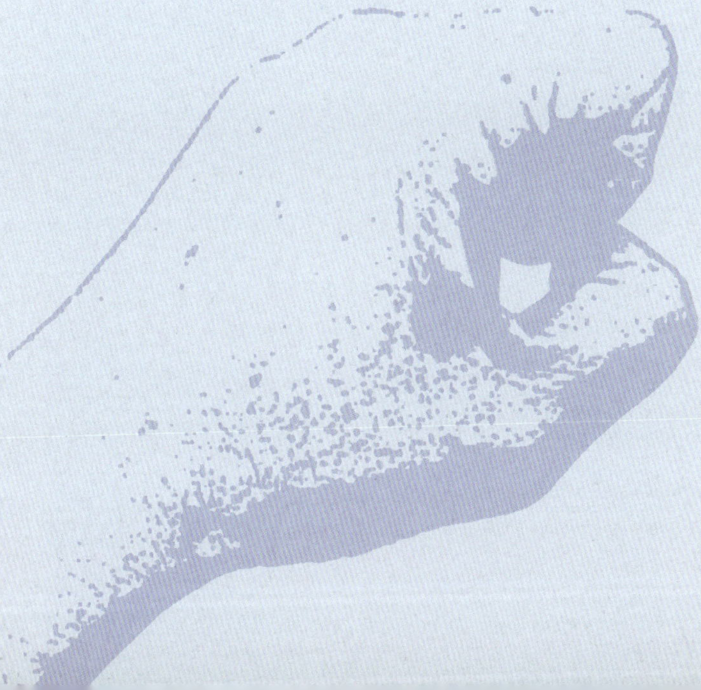

说到桩功，很多拳种中都有其重要地位，但所强调的要领、原则，所追求的结果却不尽相同。应以桩功作为诸般功法之尊，以此体察、培养、练习拳术之精粹，追求形、神、意、力、气的高度协调统一。桩，单就其本身来讲是指埋栽其一部分于地下的，结实而稳固的木杆。大约就是将一棵活生生的树齐根锯倒，再锯去树冠支杈，人为地制成的桩。这样的桩会有两种前途，一种是被埋入地下一部分之后，体内尚保存的生命活力很快消耗尽，成为完全失去生机的一段木头；另一种是被埋入地下的那部分，努力地调动体内所蕴藏的活力，重新滋生的根须来吸收土壤中的营养水份，进而重新萌发出新的枝叶来吮取阳光，逐渐地再度勃发生机，恢复与土地、阳光的自然天合。

如果单就人类的搏击、原始生存能力而言，我们这些处在现代环境中的人，早已不是自然意义上的生命之桩了。假若突然使一部分现代人赤身空手地返回原始洪荒的险恶环境之中，这些人们所面临的也只能是前面提到的“桩”的两种前途。所以，千百年来无数武术家所总结、所推崇的“桩”的真实意义仅在于此，“百练不如一站”绝非姑妄言之。

桩功的最主要的练法是站。站，就是直立，桩法中的直是指人体重心的垂直，而不是肢体的僵直。旨在调动人体生机与自然意境相应合功能的桩功，必然要有相应的时间，人在静止站立为保持平衡调动最充分的肌群作功。这就要求桩功中的站应当依循以下原则。

一、扶按桩

扶按桩

一是人体重心垂直，不偏不倚；二是步距适当，不大不小；三是周身松和，不懈不僵。这一站，要站直、站稳、站住、站活、缺一不可。这样才算具备了桩功训练的基本条件，如果正式开始站桩，还需要讲清这样几个关系。

1. 动与静的关系。大凡桩功都要求静，要求的是“大动不如小动，小动不如不动；不动之中求动，乃是生生不已之动”。可见静的目的是追求更高层次上的动，对搏击应敌来说，无论动还是静，目的都是要“制敌而不制于敌”。

初学桩功的学员常常诉说静不下来。那就看看自然界的情景吧：盘绕在海岛枯树上的毒蛇，如枯枝一样摆着一个固定的姿势，就那样一动不动地几个小时，十几个小时地耐心恭候着猎物来临，一旦时机成熟，毒蛇的攻击会像闪电一样猝不及防。这样的静，处处时时隐藏着杀机，这样的静，茫然之中又高度机敏。这一切，只有静待之中蕴育生成。桩功旨在以精神假借的种种意境和微妙刺激，来逐步调动激发人体各感官的潜在功能。唯有心平气和，才能于精微之中从无致有，使假借之灵，由虚化实。若根本没有捕着鸟的可能，蛇也就绝不会有苦苦静待的耐心。若无如临其境的真实体认感应和悟此而获的拳学精义，谁也不会更多地浪费时间。一旦尝试由静生动的奇妙功效，你自然会感到原来意义上的静已经不复存在，只有新的，更静的境地才更值得自己进一步探索和追求。

2. 松与紧的关系。古人云：“文武之道，一张一驰。”其实为外部刺激，引起人体各器官的反应，经过高级神经系统协调，传导使肌肉收缩牵动骨骼，以杠杆、坡面、滚杠等方式作用于外，才形成人的各种运动。我们知道人的肌肉是受神经支配的，诸多的外部因素都会使人因为惊恐、迷惑、痛苦等造成肌肉的过度紧张而行为失常。对于初学驾车、切菜、滑冰的人同样会由于怕撞人、怕切手、怕摔倒等心理原因造成肌肉僵紧，手足无措。练习搏击的初学者也肯定都会遇到这样的问题。

3. 力与意的关系。训练要求用意而不用力，拳谚曰：“意为力之帅，力为意之军。” 可见意与力的关系在拳术中的重要性。不用力，许多已具备相当水准的拳师都困惑，他们认为不用力是不可能的，说不用拙力、笨力是对的，而运用巧力、爆发力则是高水平的，是必须的。

其实，所谓巧力、爆发力已然是高级神经系统充分参与指挥肌肉作功的结果。具有人体各感官全体神经系统周身肌体的高度协调和精确运转才能实现。古人称：“不在兵多将广，而在调配得当。”将帅无能累死三军。我理解的用意不用力正是就这种高效英明的指挥调度能力而言，就主要矛盾与次要矛盾而言，丝毫没有排除肌肉群体的不可替代的作用。王芗斋先生所叙的“意即为力”，也正是在这种意义上提出的，到了这种境界，身心一致，天人合一，自然就无所谓意力之分了。

尽管如此，专就物质之间的相互作用来论，为了人们通常已习惯的概念和由用力的相对合理、意力的分寸转换过程，本书许多专项词名中还是会引用“XX力”之提法的。

4. 桩功与拳术的关系。这个话题是姚师曾评述一位弟子自认为站了多年的桩，问老师何时可以真正学习拳术最绝的东西时生发的。姚师言：“东西都在桩里面。”也听数位师叔师伯感叹，当年对站桩是压着性子练的，最有兴致的还是动作，还是拼拼杀杀的东西，可几十年之后，现在细细回味，从基本功法到推手断手，最重要最管用的还是站桩中摸索的那些东西。

这时所指的不外是：随时保持人体的重心感，周身配合的协调感，转换自如的矛盾感，内由外引的精神激发状态。如此说来，站桩是一种功能训练，是一种状态训练。初学时尚需一板一眼，按部就班。一旦入门，开始由精神假借而切实调动起体内良能，唤发出有感斯应的神态，那平常时时外感内应的过程，就不再是什么精神假借，而是王芗斋先生所述：“假借之力果能成为事实否？”这才真正是武术功法的不二法门。

二、抱树桩（技击桩）

技击桩

在平步撑抱桩基础上，略转向侧面，双臂环持形成前后高低互倚。前手虎口尖对应鼻尖，下垂直与前脚尖上下呼应；双足为半丁半八，重心前三后七，目光透前手透视远方。双臂仍撑三抱七，精神假设全身高大挺拔，怀拥根深茂叶巨树，周身与树干适度贴附搂拢，身体各关节均充满弹性，可随风撼树体而微动，足下似扎须入地稳立而固。

此桩亦称技击桩，从形态是应敌技击的基本间架，从内涵是借抱树育整体刚柔松紧固紧的把握，大致分以下步骤：

一是调整身体依大树而充实周全且具活力生机；

二是身体与巨树相互对应，体会感受由桩生根、须、枝、芽、梗、叶的细微过程，人树一体，树人天成；

三是切实养成贯穿天地的纵横环枢感应，力引风唤，余振不断，互促互延；

四是在似动非动，略有形为中耐心详实找到人树共勤于外感的整体上下提戳、左右拧摆，前后摇撞，节奏、频率、力度、火候均反复操运；

五是产生愰撼分寸拿捏的把控，可有强弱长短轻重，但不使间断，更须意达六面百丈之遥；

六是唯树是从而忘我，其中精妙灵机只能百思千悟并深入境界，非亲传重授而不可得。

七是无论人摇树还是树振人，都要始终保持互为因果持环得枢的轴线动静之初，又能随时调度内外相连的恰到好处。

三、伏虎桩（大步桩）

伏虎桩一

伏虎桩二

在技击桩练习有得之后，可根据桩功内在体验基本到位的进度，适当练习伏虎桩。

步骤如下：

一是由略高技击桩起，撤承重腿向后移动一尺至两尺，人体高度自然降低，脊柱保持中正稍向前倾；

二是双手掌心分前后向下斜按，似骑跨下压猛虎驾驭控制，前手如叉卡牢虎颈深及皮肉，后手拍按虎后胯，与其前挺后撅之势制恒；

三是刚柔松紧妙为张弛，双拳坚韧不让分毫，而双肘双膝弹性十足，尤其不与刚烈动直接拼撞，欲擒敌纵，不使逃脱，不使其其施爪牙之威；

四是气势宏伟，无所畏惧，浑身毫锋如电，更鼓全身骨生剑锐，但凡虎威猛挣掀，即刻天网以持；

五是时间恰当，单边桩功5~10分钟，身体略有升降起伏，互以轮换，总计20分钟则宜。

四、降龙桩

降龙桩一

降龙桩二

一是由技击桩始，依左势为例，前脚向外横栏翻扣，后脚沿直线拉远两尺许，回首转身；

二是双臂反顾拉伸，左手虎口向下向后捋挂，右手似引弓张托虎口，瞄准鼻尖遥望右脚足跟，如回头望月；

三是双肘双膝相绞拧相挣搅，整条脊柱盘旋扭挺，这是螺旋反争、首尾呼应的劲道所在；

四是意念假借背负缠身蛟龙，龙首于身后由左臂扯控反向之右脚，使尽力气欲团躯摇摆甩抡扬威腾空飞跃，习者须展臂迴身固龙体首尾不得相顾，难扬所长，此消彼长，遏制其优为我所用。

五是左右支替互为照应，格外留意盘根错节的相辅相承，把握诸环节曲折矛盾的对立统一。

五、独立桩

独立桩一

独立桩二

针对全身皆为拳、无点不弹簧的原则，专门强化单脚稳定控制的看势功架。

一是由技击桩正架双臂撑抱不变，中心略前移使前位置腿支持全身，原后位腿收跨稍掩提膝，抬大腿带小腿，以脚内侧横拦缓推挡并保持双股开合呼应涨膨感应；

二是已形成前脚踩踏抽拨独立状，小腿斜插楼挂的角度调整与双臂互宜，上下贯通，以巨树为内核；

三是悬空脚的高度因人而异，大致在膝与腰胯之间，角度对应承重脚尖与虎口鼻尖遥对敌情方位；

四是双臂适度展开而不完全伸直为宜，开合在腰际亦可，承重腿弯曲随调升降，并保持均衡弹性与全身关节松紧，意感如大鹏振翅数丈，乘风驾云，飘然自得。

学员常抱怨“松不下来”。教练们常提醒运动员，导演们常常提醒演员要注意放松。那么是不是越松越好呢？当然不是。从练习经验来讲，是要求松和适当。所谓：“松而不懈，紧而不僵。”更形象的例子是懈黄的鸡蛋，蛋黄全溶散了，再也形不成原有的整体了。懈，专指懈怠，这种懈便是松的过头了，自不可取。从运动生理学的角度讲，肌束的收缩有一个基本的常态状况，叫初长度，就是一种良好的戒备级战备，一级战备直至宣布进入战争状态。一般而言，肌束的备发紧张度占全部收缩至极的70%，这样的状态就不会过多影响真正发力前的有关活动。当然，在激烈争抗之中，具体到某束肌肉的初长度应当是个什么数值，是不可能精确计算的。

现在我们知道了，松与紧是相对而言，周身松和的状态居绝大部分。真正需要的周身肌肉的惊弹、崩炸的高强收缩只能是在最关键的时刻，瞬间迸发出来，而且是立即恢复至全身松和灵变的状态。初练者在桩功中的放松是逐步实现的，具体把握到什么程度，也是在不断的体认实践中认清和熟悉的。

第四篇

桩功练习

遍体弓簧伺，无微而不及

在认真了解桩功的原则原理之后，我们才能够有决心、有自信地开始学习练习桩功。

一、适合从事桩功练习的范围

1. 旨在健体强身者；2. 体弱及病后休养康复者；3. 体力和脑力工作者强度劳累后身心调理；4. 现代竞技体育教练员和运动员；5. 各种技击项目的教练及选手；6. 公安武警搏击专业人员；7. 男女日常自卫防身训练者；8. 各拳种借鉴训练者；9. 有志意拳练习者。

二、根据自身需要和自身条件

择定习拳教材和老师，并制定参加函授、短训、面授、集训的具体计划，以保证逐段实现训练目的。

尽量避免或减少学习的盲目性，以适当的时间、精力和经济的投入取得应有的效果。

可以采取以下方法：1. 认真阅读有关的专著、录像、文章并结合自己的理解以口头或书面形式向具较高造诣的老师询问，征求意见，然后再开始基本桩功的练习；2. 最好能集中一定的时间（一周，一月，三月，视情况定）参加短训，为练习打下良好基础；3. 最好邀几位拳友进行自学与函授相结合的练习，因时间和经济条件所限，亦可轮流参加培训；4. 择定老师，专门研究和练习。

三、初练桩功

第一次练习的学员要认真听好老师所述的要领，选择平坦、洁净的地方站立，练功前着装穿鞋要合体舒适，提前去厕所。调静音手机，摘下手表、帽子、围巾再行练，总之要使周身轻便、专心致志。

（一）平步桩

平步桩

（二）第一训练单元，以每天1~4小时，每月120小时计

没有摆定桩式之前，先自然直立，平心静气，默想而后所练习桩式的要点，大约二三分钟后再开始站桩，由下而上逐步逐节检查各项要领掌握的程度。（1）像军士立正的步型站定，一脚自承重脚平行分至约与肩宽距离；（2）使自身垂直重心在双脚之间，两脚尖略向外分；（3）假想十个足趾是一棵大树的根须，大部分深植地下，少部分裸露于地面，呈似插似拔之情态，同时足跟微虚，犹如按簧之感，足心虚含似粘吮；（4）足腕有如兜挽软藤；（5）膝部略弯，轻将膝盖骨暗暗上提，双膝有前顶外分意；（6）两胯至大腿根部微有向上向内抽夹之感；（7）臀部随膝骨之暗提有欲坐欲起感；（8）腹部沉圆而不绷劲；（9）含胸、褪肩、抵额、顾首、拢颈、托腋；（10）上肢大小臂依内环外浮而缓持于前；（11）脊柱自顶心贯注骶尾，须环环相依、节节相挽，结结相附；（12）此中枢合体相接、骨架关节相辅相成，其内犹如泉涌微荡，其外上下远近若游丝弹性绳筋吊系，互为提挚；（13）双目稍向前向略高于水平线处远眺，时而茫然不必刻意；（14）口微启、齿微扣、舌微卷、耳微竖、鼻主息；（15）呼吸均静细缓、随其自然，偶有气促，深呼重吸数下亦无妨；（16）双手松垂，掌心向内。

由开始站桩、逐步依循有关要领，渐渐进入中正静和的状态，大约需用5分钟时间，这样才可以正式练功。

1. 撑抱式之一。双肘前起外撑，肘尖距腰约一拳间隙，双手指至与胸平行，手指撑张如叉，指关节微屈掌心向内向上；以意想挤抱一相应大小的轻柔松弹之棉絮软球，手拢过紧，絮压难复，手腕过松，丝膨松散。细细体味双手之间、手臂之间、手指隙间，均有弹胀粘满之感，以意体察，以感与应，久以习练自有品茶赏画，意怡神舒之妙。

撑抱桩

2. 撑抱式之二。在双手捧抱丝絮之球的基础上，徐徐将两手升至略与肩平，双手间距长不超尺，短不过寸，掌心离胸距以大小臂内侧，呈钝形角度为宜，腋下如水中环托救生浮圈。双臂不托自举，不落自浮。

开始具备了这些条件，要及时地在意感方面增加内容：（1）练眼神。练习桩功过程中，眼神非常重要。人们即使隔着铁笼来观察虎豹，对那种冷峻透骨的逼视也会隐隐感到它的威力所在。先要求视远，把目光坦坦放出去。再就要求透视，感到目光能穿透云雾，穿透枝叶看到后面的远帆、小鸟；尔后要求传神，与内心精神相联，以目光将假想中目标的闪现、变化和整个身心沟通。（2）练耳。可以认真观察生性机警的鹿、兔等动物，使自己在练功时常常不动声色地假想耳朵竖起来，左寻右顾搜索远处草丛中的丝毫异常的动静；先要静，内心不平就静不下来；再要选很警觉地从听到的反应中分辨；此时人的精神状态都会与众不同。（3）练气。练气是自然呼吸，但也会有一定的意感调节，以鼻吸气时，小腹要有绷紧，可以设想自己在松林中缓缓吸入松叶清香或者在飞瀑附近吹入丝丝凉风，边吸边体味泛有阵阵香味，浓淡甘甜之感。吸气时，全身渐渐有涨满之意，呼出时感遍体毛孔像涓涓细泉轻淌，透人心脾。经过长期练习体验，周身毛孔在呼吸时都会有开合吞吐的感觉，使肌肤内外溶通，使筋骨透体轻灵。（4）练声。在练气呼吸返具一定基础后，可以站桩时辅以练声，先不必出声，但意想呼吸往复的气流穿过毛孔时以致肌肤薄膜徐徐微颤，会引出空谷来风、振荡回音的感觉，此时可在呼气时轻轻发“咿”的声音，同时体察这声波对手的传导感及通过手对于手中所持气球的微振感。

平步桩中的撑抱式，是各式桩功中最基本的，今后多种练功的体会感受都是由此而来。所以，不仅是初学者应当认真、扎实、耐心地练平步桩撑抱式，即便是多年以后，功有所成，学者时时把持玩味，温故知新的，还是平步撑抱桩。

3. 扶按式之一。经过撑抱式桩功练习，学员不仅能够以手感受到虚设之气球的实在，对全身各部位的桩功要领也可以兼而顾之。这时便应及时地转换扶按式练习。

以撑抱基本式，慢慢将两手的手心由向内转为向下，手指由相对转为向前，仍保持满张微屈。手腕要有一个水平的转动，横向外扣并注意不使僵紧，将原抱的气球变为按压，双手与脐约平，小臂略向下向前插抚状，两肘横向外撑，腋下似有浮球相托，使肩松宽而肘沉实。开始假设置身齐腰深的水中，脚趾伸如树根植于地下。水之浮力使身体略有漂浮上升。而脚趾如根又紧紧扒地不松，再借双手扶按于水中气球的浮托感，手中球、身边水、足下根，均产生矛盾互为的整体联系，身体重心随波微动，而头项心所系吊弹性绳线亦相牵相引。

扶按桩之一

4. 扶按式之二。在上式基础上，两手向前水平移动，至两臂将要伸直时，略向回收寸许，假想十指端各联一细绳、皮筋，似延至远处竹林，各系于竹枝。此时，手掌和小臂下方扶按的球还要继续控制，而十指系联着细绳与远处的竹枝，也在牵拉引放，要两者兼顾。竹子的弹性好，细绳又有很强的内应变化，以意念假借这样的外引内联，全身之松紧配合重心调整适应。

扶按桩之二

牵动竹枝的振动一定要有个过程，初习时，先要比较切实地建立起假设的细绳与竹枝的联系。待意感手、细绳、竹枝经微微牵引而互为存在之后，再逐渐增加牵拉的幅度和轻轻振动的频率。刚振动时，只要感到枝干动了则可，然后试着使细绳牵拉竹枝能振动有短促。这样，竹枝突然一颤便很快恢复常态，牵中有粘绵，振中有短脆，此种感觉由竹枝、细绳的变化带到全身的松紧调整，而外形并看不出什么。

在以上练习中，我们先去感觉细绳的存在和它与竹枝的松紧，再逐步使这种外引的松紧与身体的松紧联系。现在，以手通过细绳由远处向内的牵拉松紧已经有了感觉。那么，再着意体验已将竹枝拉得弯向自己，细绳也因牵拉面绷紧，整个身体产生向内的均匀微缩，好似张满力的弓一样。

这时要注意全身在站桩中各项要领的把持状况，使重心清楚，使身体弹性留有余地。然后手稳稳地将细绳一点点放松，使竹枝缓缓由弯复直，不要有明显的断续感。还要随时留意，手所扶按的球和球所置身的水的感觉，久而习之，收与放、上与下的协调感都会得以提高。

以上是习拳入门的基本桩功，无论练习技击的学员还是专修养生的学员，这些桩功的要领都是共通的，应当按部就班，十分扎实地练习和领会，自会由此及彼，由浅入深。

（三）试力

感觉器官，分析层次区别就很大。这种细微的层次类别和反应的能力只能在多次反复体验比较中形成。具体到桩功的精神假借，由假设而产生的身体各感觉器官的综合反应能力。而再由这反应能力用以对抗中类似假设的情况，经过反复印证、修正调整，人体动作的精密度自可以大大提高，由判断到肢体反应的时间也会大大缩短。通过站桩，人体本能初步得以调动。

摁球试力

试力，是意拳训练中练以致用、动静互生互为的关键所在。意中力是由站桩体认而无中生有的，如果仅能限于感觉到意中力，那这只是个单向类别的存在，还没有形成不同类感觉相互联系的结果，这还不能算是得到和掌握了意中力。只有充分汇集各类感官对客观表面现象或外部联系的综合反映，知觉知悟，不断地在各种体认实践中使之完善，才能逐步形成掌握并应用意中力。所以芗斋先生说："力由试而知，更由试而得其所以用。"这便是试力的目的和效用。经过桩功中精神假借，我们会由此产生以前不曾有过、不曾留意的阻力感。这种综合的切实的感觉使身体上下、左右、前后乃至皮肉、筋骨、关节都发生反应。但是，这种阻力感还只是在身体位置、肢体形态相对静止、稳定的状况中培养和形成的，若是肢体形态变化、身体位置移动，更加上外部诸多因素的干扰影响，阻力感、整体感，协调感便立刻不复存在了，即使是在站桩的时候，这些感觉也不一定够召之即来，来之既全。怎样才能使这种感觉，这种“拳劲儿”随时可在，为我所用呢？这就是试力在全部意拳训练中所需实现的任务，不经过这种由静至动、动中求静的过渡练习，便不能达到习拳最根本的目的。

踩球试力

（四）试步（摩擦步）

试步，是习拳的基本步法。古人云“不积跬步无以成千里”，迈一脚为跬，再迈一脚为步，只迈一脚时，人的重心尚无根本变化，再迈另一脚时，人的重心就明显地移动了。所以，步法的实质是人体重心的移动。我们知道，在技击应用中，敌我双方都要不断地去威胁对手的重心，又要随时保护自己的重心不被彼之所用，双方之间的距离都在随时随机地变化。这种距离的调整变化的适当与否，决定着搏击者的成败，所谓“教拳莫教步，教步打师父”。我们已经通过站桩使自己身体中正均整。通过试力使自己形成合适的技击间架和运力能力。但这还不够，一旦双方进入激烈的对抗变化，我们处在忽进忽退、忽攻忽守的状态中，自然会发现，根本不动不大可能，动之不当更加糟糕。所谓“行家一伸手，便知有没有”“两步高低自分明”。拳谚云：“拳打三，脚打七”“手是两扇门，全凭腿赢人”。

我认为，这应是在申明步法在技击中的重要位置，在双方移动对抗条件下，各项动作的效果都是在恰当的步法应用中实现的。

我们在练习和准备应敌时，一定要掌握以下几个环节。

1. 距离。一个是与对方的间距，太远够不着，太近躲不及；一个是自己两脚之间的距离，太大了不灵活，太小了站不稳，敌我间距应在3~5尺之间，这样双方都有余地。自己双脚间距，如果身架略高，那么这个间距不要超过1米，如身势一低，间距可以适当加大。

2. 角度。双脚呈丁八形，锋芒直逼互迫两脚之中，后脚又要随时避开对方占据自己的中线重心，两脚的重心配备为前三后七，以随时能够催步上前或撤步退后为宜。以丁八步（技击步）站稳，双方手为扶按式，前脚持平微抬，假设足下小球被足心吸出泥面，再以后腿催胯，使前脚向前滑动约半脚距离，前脚落实，将小球轻轻踩入泥中。此时身体重心向前移动半尺许，即随重心的前移轻快地把后脚跟上半步。要求向前或向后时身体都要保持桩功状态，不能上下窜动，左右扭摆。脚腕有如兜夹小球，脚部不可亮掌掀跟，双脚之中都应体验富弹性的矛盾感。

3. 靠身步。以技击步站稳，前脚踩实，身体重心垂直前移，同时后手随肩水平转至正前方，使后腿重心平稳移到前腿，然后以前腿承重，慢慢将后腿似拔出泥潭抬起寸许，再平稳落实，将重心移回后腿，身体各部回复原势。

4. 定圈球步。以技击步起势，两手扶按式，后腿承重立稳，前脚平似踩有一小球，然后由前向后向内缓缓划圆顺时针而行。要求腰活胯随，足腕灵，可逆可顺往返进行，如感到不稳时，可随时以一脚点地待平衡后再继续练。

以上练习，实际上是配合全身的腿脚试力，也是正式练习试步的预习。这个阶段，人体重心移动不大，便于较快地体验到前边手试力的感觉，初习时可用手揉泥按球的感觉类比，以脚对照体会，而身体各部间架又须不失站桩、试力的要领原则，三种步法练习一般各需50课时。

四、定步试力

试力练习一般安排在桩功训练之后，通过站桩，手上的感觉比较真切，全身的呼应亦比较周全。这些条件基本具备了，再开始试力。

1. 摸（音mao）泥试力。全身间架不变，两手带着抱球的感觉慢慢向下放置腹下，轻轻使两手满张而十指相对轻轻触摸。可设想掌心之间有轻柔粘弹的物质，稍待片刻，再将两手十指之按触微微分开，若即若离。练习中逐步体验到局部的阻力感。

定步试力

2. 揉泥试力。不间断地将两手掌心转向下方，使两手成由身体两侧向前向下斜插状，假设两手张开十指徐徐插入，又缓缓抽出，要体验到：手挤进时，遇粘阻，若稍懈手便会因弹力而自行押退；反之，欲出时，由胶泥吮吸所致，而抽力有怠时，胶泥内收之力却将两手引去。

3. 按球试力。以上式为起点，假设以两手将一充气之球按至齐胸的水中。两手满张，手腕灵活，十指机敏，随时不使气球因水之浮力和球之滑转脱手腾出浮到水面，造成手对球的滞控。然后慢慢地，恰当地利用水对球的浮力，徐徐减轻手对球的压迫，使气球得以缓缓升至水面，这期间的手对球的把持控制要周全而均稳，不能忽快忽慢，时有时无。这样练习，两手看似向上升提，而按压之力无时不有，再看两手似向下按，而浮升之力亦随时在身。若手动之时感觉有断，即可停置某点重温站桩中诸般要领，使之趋周全、细致、再复行试力，可反复以桩悟试力之感，以试力印证桩功精要。

4. 引簧试力。仍以平步桩扶按式为起式，两手约齐肩高，十指似有细弹簧各系一指，联向前方大树之上。双手掌心向下，仍似同时按气球。以手指匀均拉住弹簧向自身牵引，要感到十条弹簧被“吱吱”地拉开，远方的树要有受力感。待手拉至胸前，臂肘内夹角欲呈锐角时停住，而重点体验此时弹簧与树的回缩力感，体察由此形成的全身各部位反应是否匀衡。然后再将拉紧的弹簧缓缓放松，同时使身体内部紧缩感渐渐放松，手臂伸出而不要绷直，两肘外撑，这样的直线往复拉放弹簧，同时保持站桩各项要领。

5. 拧簧试力。平步桩撑提式之二，起势，将抱球的两手由指尖相对掌心向内转为指尖向前掌心相对，两手间如挤持气球，而十指各联弹簧系于远方树上。以两手同时向中间转动，拇指相对，掌心向下，假设手上弹簧都随之扭转，然后再慢慢拧回起势状。拧动放回都要留意弹簧的直向拉顶之力和球的扶撑之力，而腕亦有扣绞绳索之感。

6. 踩球试力（独步试力）。待以上五种试力都具一定基础后，可以穿插进行独步试力。平步桩起势，以一脚承重慢慢将另一脚移至一拳距，然后平行抬起约一鸡蛋高度，假设承重脚趾如树根植地中，另一脚轻轻踩住鸡蛋大小的弹性球体，时而将球按入泥中，时而以足心吸力把球吸出来。要注意同时兼顾手的试力，逐渐地手脚兼顾，上下若一。初习时独步承重不稳，可以随时将另一脚着地以保持周身平衡和试力的感觉。独脚承重的时间亦可由十多秒至几分钟，十几分钟。这种独步试力是摩擦步的开手练习，也是试力的补充，更是今后活步试力腿法的基础，应予足够重视并需多练。

引簧试力

五、蓄力

蓄力

蓄力是试力转化的必经之路。待试力初有所得。假设之力与身体确有呼应，这就为将来意中力的运用和施发提供了最基本的条件。不少练拳的人反映，经过站桩与试力的练习，感到与人较量中身体稳，重心控制能力提高，对方不易逼住自己的重心，整体功力增强，被对方力量压迫有较好的变化能力。但要使对方重心失控甚至失效而出，就力不从心了。很多人一上来就练发力，急于发人丈外，却总感到不是身上劲儿足手上不给力，就是浑身绷足了劲去推人，却正好与对方的抗劲撞到一起，有时甚至反而使自己脚下不稳退后几步。若真正到推手和断手对抗中，身上发僵、运力不整、发力时机不当等问题也必定逐一暴露出来。

以上练功中的问题，主要是试力不够切实与外力相引不及所致。其中，大多是没有经过或者是忽略了蓄力练习所致。何为蓄力？应当是指体内储备可供适当时机突然施发的力量条件，这里包括：（1）合理及时的身体重心调整，（2）准确的攻击距离，（3）全体肌群的高度协调和随时待发条件，（4）判断选准对方重心的要害与薄弱点；形成势如旷弩之情态。具体到拳术运用中，就是个肌群松紧状态和整体协调的问题。蓄力，就是人体在或动或静的变化中，随时使周身蓄足松紧适当，协调若一的待发之力。只有经过专门的蓄力训练，才能将站桩所得中力，试力所知其用之力，真正调集至临战状态，形成发力前的凶险之势，一触即发之势。

1. 控球蓄力：以丁八步立稳，双手扶按假设之球，调整好周身间架及内在要领。开始以双手体验球在水中的升浮感，待手中球感较为真切，要假设前方水波向自身涌动，而手中球则随水波之力向内荡动。身体各关节之间好像由弹簧联接，因水波之外力作用于球，影响到身体各关节的整体弹性放缩。水波涌动之间隙，手中球很快恢复原状，全身的内蓄收缩也复至初始。由假设水波之外力造成的紧缩时间要略长，而水波是一阵一阵的。之间的空隙要短，身体的放松时间短，就要求放松得迅速。意拳各项功法训练中，总的要求是松长紧短，在蓄力时要使紧缩长于放松。

2. 顶簧蓄力：以上式起势，双手是扶按式，高不逾肩，低不过腹，两脚依丁八步前后而立。后脚跟微虚，两膝略向外向前分顶（意）。假设两手十指联系十条弹簧与数米外墙壁相接，检查周身与双手所顶之簧均有呼应。开始慢而稳地将身体重心缓缓前倾，假设之弹簧被整体顶挤产生回缩的力量，而至使墙壁都为之颤动，但最多从后七前三的重心比例移至前后各五或略再向前即止。要体验被压紧的弹簧对身体的反作用力，由这种反作用力体验周身各关节间弹性反应。再较轻快地放松身体向前向外的顶力感，很快恢复后势。这时要注意足下与头的外延弹性感应。

3. 拧簧蓄力：以上式起势，双手掌心向内，十指相对。假设撑抱之球，中间垂直贯穿腕口粗细的立簧，与球固为一体，上通高天，下达地内。双手抱稳球后，先由左至右水平旋拧，全身由脚、膝、胯、肩、肘、手同步动作，身体要保持垂中周正，外形不必显露，但感觉饱满时稍显变化亦无妨。待拧足劲后即刻放松恢复原态，再由右至左旋拧，仍要留意周身关节对球簧拧紧手的反作用力。

4. 拦绳蓄力：以上式起势，双手掌心向内。十指相对，假设撑抱之球前面的半尺距墙，而自己胸前约一拳距，横着左右方向绷紧的一根弹性绳索。双手持球，一面由内向外向上掀，一面以所持之球碰压半尺外的墙壁，身体重心相应前倾。待球体刚好撞碰墙壁产生抗力，胸前正好被横栏之绳绷而恢复后势。持球时前脚跟可稍起，假设脚踩有弹簧，碰墙时正好将脚跟下弹簧踏实，身体复回原势时，前脚跟自然又微微抬起。以球碰墙的接触时间开始是一触紧即可。待练习有得，自可适当调整。

六、发力

发力，是由拳术专项训练所获得的最大能量，在准确的时机，通过恰当的着力点尽多地施发于对手，使其重心失控或全体失控的力量的全过程。

兵法云：“知己知彼，百战不殆。”而我们从事拳术训练的全部过程，也正是一个由不甚知己到熟知自己，由知己而不甚知彼，到知

①	②
③	

① 发力之一

② 发力之二

③ 发力之三

己知彼的复杂过程。兵法所谓："知己而不知彼，十则仍可胜五。"武术桩功，试力、试步的训练还是一个熟悉自己、调动自身良能的阶段。尽多地加强外界刺激，通过人的神经系统与肌体的整体综合反应能力，初步达到了以下目的：

1. 由局部的、分散的用力，逐步转变为整体的一致的拳术运力；

2. 由过于松驰和过于紧张的不恰当用力，转变为松紧转换相应的随机运力；

3. 由局部的简单用力，转化为随时随处有感应的灵活运力。

现在，就拳术特定的需要而言，我们已经比较详细，但这些还基本限于"知己"的范围内。如何在千变万化的技击对抗中发挥这种力，使其充分作用于受力对象，这便是要经过专门的发力训练才能全面掌握的功夫了。

发力，无疑是技击诸多功法的最高体现，也是最权威的检验。许多习武者毕生勤习苦练，而终不得拳法之妙。恰得其所的发力，往往取决于速度与时机的把握。具体讲："作用力距离不变，作用力和作用力时间的平方成反比。"所以说，我们发力于对方的接触时间越短促，这力量的效果就会成倍发挥出来。我们对抗中发力不当的原因，主要是绷足力气，肌肉僵滞，虽是自我感觉浑身用了力，但效果却反而是动作失调，在实战中往往会造成：（1）攻击动作预兆太大；（2）击发起动过慢；（3）步法与整体动作失调难于机动；（4）攻守转换不连贯。再就是尽管运力协调有力，但着力点的时机掌握不当，尚未使对方重心暴露偏倚就匆匆发力，而不能重创和从根本上威胁对方。或者是攻击部位虽然切实影响到对方重心，却因接触着力点时间略长，未能适时制刹，形不成加速度的突破效果——猝然迸发之猛烈撞击。技击的发力，有着它的特殊之处：一是不会过多地被形体动作所限制，无论进退，攻守，无须扩大架子，尽量利用拳腿动作冲程的惯性力量。优秀的技击好手，收拳时亦可能突然向前向左右发力，出拳时遇到格档亦可能猛地反向发力，可称随触即发。芗老称“力无方向”，信是此意。二是瞬间惊炸，爆发之极速，往往使发力变化，本人都感到意外。发力致用过程中。三是作用到对方身体时要控制其重心，并根据对方的反作用力情况，相对延长骨骼杠杆的工作距离，使其躯体遭受的实际损害不很大，但对从重心上根本地动摇对方有很大作用。再就是打，这便是在尽可能短距离和疾促的时间内，集中最大劲力作用于对方重心所在的某一点，由此造成的打击一般并未使对方明显位移，但被击中的穿透和震荡往往会致人于死地。在实际交手中，这三种发力是应当依具体情况随机掌握应用的。

（一）发力的基本原理

首先要搞清楚，什么是力？何以为发力？一般意义来讲，力量是指肌肉紧张或收缩时所表现出来的一种能力。而发力则是将这种能力从发力者身体里面放出去。我们知道，人的一切随意运动（生活举止，生产劳作或体育运动）都是在大脑皮质支配下的肌肉活动。这种活动的基本能力表现为：肌肉收缩力的大小、完成单个动作频率的快慢、体位移动一定距离的速度、保持肌肉快速工作能力的长短、长时间持续作功的能力以及关节活动范围、动作舒展协调等方面。

肌肉力量由三种因素组成：

1. 完成动作时肌肉群收缩的合力，这主要指参与运动的每块主肌的最大收缩力；

2. 主动肌同对抗肌、协同肌、固定肌的协调能力；

3. 骨杠杆的机械率，这取决于肌肉群的牵拉角度和每个杠杆的阻力臂和力臂的相对长度。

由此可知：（1）肌肉的生理横断面越大，肌肉收缩时所产生的力量也越大；（2）使支配肌肉的神经中枢机能改善，提高肌肉中每运动单位的紧张性，动员肌肉中更多的运动机能单位参加工作，加强活动中各种肌肉群的协调性，只有这样，才会发展成肌肉的最大力量。这些因素的关键取决于支配肌肉的神经中枢的机能状况。综上所述，正好形成了发力的基本原理，说明了拳术巨大力量何以发动的本源。

发力训练：

1. 来自精神假借所导致的神经“激发”状态的特定意境。在拳术专项训练中，真如面临巨敌险境，血涌神激，毛发飞涨如戈，从内心萌发毫无畏惧。浑身有如火燎电击，神意所及，顺者昌，逆者亡，无往而不胜。久经这种身临其境的状态训练，一俟接敌，方可有如入无人之境，唯我独尊，当之必摧。

2. 全体肌肉群高度集中地瞬间紧缩以产生最大限度的能量施放。我们了解正常成年男性若能将全部肌肉在最短时间内集中同一方向极限缩紧，其牵拉力量可达30吨之巨。这至少证明人体肌肉的巨大潜力所在。

3. 由整体肌肉群（主动肌为主）快速收缩而牵动骨骼杠杆的机械摆张以承重足蹬地的反作用力，通过腰胯的轴点传导经过适当方向上的触接着力点，形成力的发出。

4. 在发力时全体关节互争而产生高度协调的巨大合力，这种相争力以中正之上下相引为根本。可谓“松紧之枢在于上下，上下相引为周身互争之本”。

5. 周身肌肉合力发动过程中，人体抑制神经与对抗肌的恰到好处的及时停收，致使巨大的起动惯性在深及对方重心的最佳分寸戛然而止。从而将体内能量更充分地倾泻于打击对象，有如高速行驶的汽车被突然刹车，车上未固紧的物体会飞撞而出。余曾于多年前亲眼目睹急刹车后被撞倒的人，撞出距离不远，体外也无明显破伤，但却是脏腑俱裂而亡。可见此种力量穿透性之巨大。技击发力时全身肌肉的收放与意力之前冲撞，交叉于后倚所产生的振动。整个肌体在某种位置的一定幅度内，形成较高频率的快速往复运动——震动，这是发力的最高体现。

了解发力的基本原理，才能依此在站桩、试力、试步、蓄力、发力的各类功法训练中，按部就班逐项体会实践，最终掌握拳之要义。

（二）发力的基本练习

经过试力，我们可以将站桩得到的意中力深化体认，使之更能适于实际应用。再通过蓄力，便是使较适以应用的意中力切实进入待发状态。具备了这些条件，就像弓弦被拉满，利箭于上，引而待发，这才能谈及练习发力。

1. 蓄发力备势。以丁八步站立，前后步距约一脚余，前脚跟微起，后脚掌踩稳略有踏簧之感，双膝稍提并向前向外分提，但无须用力；后胯向内向斜上方抽提夹缩，后臀部似有斜木支撑坐稳。腹圆、腰塌、背伸、胸展、眉开、肘横、腕扣、掌吸、指屈、颏夹、颈枕、齿错、头倾、鼻端、目凝。各部位要领基本掌握之后，假设两手向内向斜下方按压一弹性球于一直立劲竹之上。此竹植于前脚平行处，练习者要利用身体各关节内收后倚之意感，将球置于竹杆上端。向自己回压，使竹杆呈弯弓欲崩之势，切实体会手中球体与竹杆之间，和身体诸关节之间矛盾感。待有拉紧压实之感便放松原势，反复体会。

2. 抖水蓄发力。以上势起，要领相同。假设腹下前边置一盆沙浆，将两手齐腕浸入捞满水沙，轻轻提出水面。掌心向胸，腕内扣，十指微屈，然后连甩带送地将手腕外翻，手指向前抖扬，使水沙尽多地脱手而出。要注意利用身体反弹的惯性和手臂放松的弹甩，很自然地使水沙被抖扬。

3. 放球发力。要领相同，以上势起。假设置身齐胸水中，双手将气球向内向下按压于水里，大约压球至腹部。体验球体自行上浮的反作用力，然后控稳球体方向不使偏倚，利用浮力将球向前上送。将出水面时，猛然将手向外，翻球脱水腾跃而出。

十、定势放人

在进行蓄发力的同时，我们应当结合针对人的发力练习。发力的目标是活动的人，发力的目的是尽可能多地破坏对手的重心平衡，所以练习发力离不开以活动人体或活动物体为目标这个根本前提。发力的应用是推手与断手，这样阶段的练习是综合各项拳术基本功的更为复杂的更具难度的训练课程。

现在我们要练习的是，在对方不攻击、不格挡、不移动的情况下，能不能运用前阶段训练培养的能力来放动对手。先不要说拳脚相加，变化莫测，否则即使获得良好时机，你也难有做为。不遭人打又等什么呢？所以在基本掌握蓄发力和步法之后，要扎扎实实地练好定势放人。

放人基本势练习，其实就是应用于推手或断手的基本备势。初习者分两边站立，分别以桩功中的丁八步扶按式起势，要求是左势对左势，右势对右势。两者轮流作为主动方和被动一方，之间距离三尺左右（双方前脚间距）。进攻方起势步距应一尺左右，不必过大。而被动一方的起势步距可略大些，但不要超过双方的基本势，都要保持周身松和的蓄发状态，各关节要有弹跃感，身体呈适当的斜面。被动一方初练时，可略站得横一些，拳谚曰："见空不打见横打。"初练者可有意亮出这种横位露中的破绽来使对方逐步适应。

上步踩中，练习之前，要互相看看对方身后有没有造成伤害的障碍物，如三人以上同练，可由第三人站在被推者身后五尺的位置。准备接挡被推后退者，以保证安全。同时亦可使练习者心理放松。双方都站稳之后，攻方要以寸步平稳踏踩被攻方承重足前半尺或更近的位置。双肩撑，双肘横斜，双臂拧裹，双腕略向内扣，两掌心略向下相对微收，十指微屈。待前脚踩中的同时，前手要正好虚触对方重心所在的胸部中间。待对方身体的力量反应明显后，后胯向后斜上方抽提，臂部坐，后腿踩实待蹬，双膝微屈内挤而膝盖稍松驰，腰背沿自身重心略向后反弓，后手紧随前手，肘后平行与自身中线交叉处。对方感到重心不稳，站位别扭会本能地挣扎一下，使已压住手感触到此地此刻，全身要迅速产生发力的反应；腰胯的夹角要一下撑开，后腿踩实向后向下蹬地成地面对人体的反作用力。这种力由腿、膝、腰、背、肩、臂、肘，腕、掌、指一系列骨关节连锁开合做功，通过着力点形成全体骨骼参加综合杠杆运动，使对方难以控制重心而向后退去或腾身摔倒。

这种放人练习注重的是清楚的重心感，精确的松紧转换时机和周身协调配合能力。所以一定不能硬冲楞撞生顶，要在周身松和的状态中，反复体察己身松紧弹力与对方身体重心之反应，不断调整全身关节间架与对方站位招架的恰当角度，细心度量双方机动变化中心距离，方能渐入其门，深悟其妙。

八、推手

推手是经过站桩、试力、试步、蓄力、发力等练习之后，基于实践并进一步提高综合功法的水平而进行的人体对抗练习。拳谚称：“不招不架只打一下，犯了招架定是数下。”在拳术水准相近的对抗中，双方的攻守都会频频出现招架，那种“拳不过三”“一击必杀”的悬殊场面是难得多见的。而技击的特点恰恰又是“遍体无处不弹簧”“有感斯应，一触即发”。这就是说，训练有素的技击好手，完全可以在手臂或身体其他部位攻击对方，而遭招架格挡的瞬间，通过这个支点迅速判明对方重心偏倚和整体松紧的状况。经过自身神经反射的调整及重心与周身松紧的相应转换，就在对方这个招架的支点上，连续控制对手，或在支点上将其直接发放而起，或在支点上猛然改变力的方向，使对方猝然失控也会生成其摔跌效果。

习拳很讲究招架，但这绝不是单纯地消极被动的招架。这招架是变化的，攻守寓一的。看似轻柔灵变的招架之中，随时随处可触发全身的整体炸力，使得对手的招架接触点粘不紧又脱不得，不防不行，防也不行，无所适从。正所谓：“固即打，打即固，发手即是处。”

这种实践中常常出现的招架，正是打与固的过渡形式。推手最终是为断手服务的，但推手却要比断手更吃功夫。许多学员经过几个月的桩功、试力等练习，再专门从事散打训练，半年之后就明显掌握了散打的大部分应用功法，拼打之中也满有看头了。而推手就会显得难度大许多。难就难在推手那形似很慢的打圈、化劲、走步中处处都在检验所练基本功法在对抗中的掌握程度，这种效果在疾风铁火的散打拼打中便很难顾及了。

推手是听劲儿、懂劲儿的必然过程，也是摸劲儿、较劲儿的特殊手段，与散打相比，推手的较量既可以检验印证彼此拳术的功底，又可以避免或减轻因此造成的伤害。民间武术交流的传统方式之一便是“搭搭手”，尽管推手毕竟不是散打，但做为一种以武会友的切磋方式，确实是中华武技交流的独特手段。

（一）练习推手的基本要求

从假借的弹簧、气球、大树、水浪等的训练感受，开始转入真正与人的对抗。许多初学者身上已获得的整体、协调、松紧、间架的成果，往往会“一旦交手，啥都没有”，常常会出现生顶硬架的情况。所以，已经初步掌握功法之后，不要冒然地、盲目地开始推手训练，应当在指导之下，选择好适当的对练伙伴，按照训练计划，既要因人而异，又要量力而行，更要适可而止，重在循序渐进，按部就班，最好有高手指点在旁。

1. 推手竞技

专指在规范权威的规则体制内进行比赛。其实有不少拳种中都传承延续着各自风格特点。诸如：柔手、搭手、粘手、挤手、接手、拆手及推手；究其本质属性均为旨在制人而不制于人的技击。而更广为人知，受众多、影响大的是太极拳健身推手、对练推手和竞技推手。

就规则而论，我倾向于武术推手的总体规化，立足传承弘扬发展借鉴创新的方向和路径。既要确保其生死相向的根本，又要顾及推手与搏击竞技和特定条件对抗的应用需求。

我作为中国武术协会技术官员，主持过若干届全国性比赛，并尝试将延续多年的太极拳推手更名为武术推手。理由很充实，各拳种都有散手，并没有局限于此而统一定位为武术散手，观其发展，风光无限，察其原由，海纳百川，不拘一格而已。而很多拳种也都有类同训练竞技方式，却坚持别无分号。数十年回首，早就是冰火两重天，一目了然。

我认同的两个标准：一是生死相博能保命；二是生计所依有市场；动机不等于效果，真理需要不断地实践检验，取舍必须理性。无论怎样的解释，唯有胜者独具权威。推手的出路与方向只能依此而择。

这也与对于武艺精妙的推手的认识相联，多年实行的单纯为推手而推手，寄希望于不断的拒绝击打以及摔法与擒拿对推手的融入，真正背离了“生产关系必须适应生产力的发展”的基本原理，大道可违？

反观武术散手，从刚起步就认准实践第一和实战第一，再加上后来的市场第一。所以，成功不是偶然的，一定有其必然性、科学性的坚实依托，值得认真借鉴。

就武术推手而论，可以与现行的太极拳推手并行，发展是硬道理，一切由市场和流量制定，在发展中实验，在实践中逐步趋于完善。

在规则方面应当对接散手搏击的对抗性，我主张武术推手九大要素：

一、指定双方轮流限时主攻，上法为先；

二、交手每回合12秒，鼓励一击必杀；

三、搭手条件下，放开拳肘攻击限制；

四、允许擒拿和快把跤；

五、一击一拿一跌一放，引领猛冲直取而激活借势打势，一分定取舍，按双方对等原则实行个体车轮战的火爆场面；

六、在12秒内，主攻方不得分切为负，促使选手放弃无谓搂抱撕扯；

七、不许插眼、击裆、打后脑、头撞，允许肘、膝攻击和钩踢、钯子、里外勾子；

八、每轮各方5人轮流攻防，凡一回合有一队1分未得即判负，凡有整队在一回合得1分即可继续，最终以何方领先达3分为胜。

九、犯规处罚，背角绝地定夺（拳腿都放开）。

以上赛规基本适用于3对以上竞技者比赛，一般为单淘汰对抗赛，参赛者超过10对，参赛队超过3支则应另做详细商定。

一般内部练习和小范围竞技交流也应基本依此原则组织实施，但场地工作人员等可酌情而定。

2. 推手的输赢

在推手练习之前，应当首先树立正确的输赢观。就内部而言，如果一开始训练就背了包袱，自认为是师承何人，功达几载，别人可输，自己却万不当输，那他的推手练习出发点就错了。因为绝对的天下无敌，常胜将军是不存在的。不输手的最好办法就是不比，而不比较、不实践又怎么可能练成拳术高手呢？如果一名学员因害怕失误，吃亏而消极参训，他的精神状态就放不开，许多功法就难以应用。或者是一心要赢人，单凭功力、气势和最有把握的技能来练习，这种训练至少是不全面的，对练习者的技法提高同样不利。所以，有条件的要请教师或功底经验较高者帮助指导。自己单独练习的就更认真领会推手练习的根本目的，充分利用好每次推手练习的机会，力求推一次进一步，终有所得。

就外部而言，武林本是一家。武术能发展到今天，正是由于不局限于某个拳种特点和长处，唯实是尊，唯真是求，凡是符合科学，实践效果突出的，统统为我所学，为我所练，这才有了“集诸家之大成” 的成果，才创出了武术发展史中的新路。如果自认为“天下无敌手”，唯我独尊，忘记了形成与发展的源头和土壤，那就是固步自封，不会有前途。如果认为，是实战拳，在对外交流中失利便是辱没家门，倒了牌子，因此，有的练家在与来访者交流中不注意把握分寸，只以胜负论英雄，则争了面子，丢了朋友。当然，武林之大，鱼龙混杂，拳脚凶险，岂敢稍有怠慢。

以动植物论，远交杂交才会提高品质。以拳术论，耗子扛枪便只能在窝里横行。所以，推手、散打，都必须广与武林同道多行交流印证，才能不断知己知彼，常立于拳术发展的潮头。当然，对外交流亦非小事，不可轻率而为。对请来者或不请自来者，要以礼相待，先请教拳理，同时观察其拳品，再决定推手交流的方式和应把握的分寸，非实于无奈之际，均应恰到好处，留有余地。胜则万不可傲慢，不必张扬，要善以己之短悟彼之所长。负亦不必狼狈力求心静如水，虚心求教。想当年楚汉相争，刘邦屡战屡败，最终还是得了天下。项羽屡战屡胜，最后一败即亡。是以为训，愿君共勉。

外出交流，最好有约在先、有友为凭，如旅途劳顿，最好当日当时暂不交流，以尽快恢复体力及状态，如盛情难却，也应明确交流方式，选择适当场地，要尽量减少对方轮番求试。规定竞技者人数及姓名。如可能的话，应首先与其功底最强者交流，勿使其作壁上观，以逸待劳，一般连应对者最多三四人则止。古人云：“强弩之末，不透鲁缟。”分寸在己，好自为之。对此类交流切磋，无论得失，都是自己的经验积累，要言谈从容，喜悲均不形于色。当时不必多评论，返回后再细加分析，用以调整练功之指导。同时还应充分考虑到法律和舆论等因素。

（二）推手的主要原则

1. 互制环中

我们在推手练习之前掌握的各项功法，已经体现了拳术对抗中所需的有关原则。再通过试力而略知其所用何为。而拳术特有劲力的适当应用，必须与对手对抗才能真正掌握，这是双人试力的任务。单人试力时，要处处把握重心、间架、松紧、协调，这已然不易。在双人试力中，不仅要自己时时处处舒适得力，同时还要造成对方的时时处处不合适。这便是一种力争制人而不受制于人的练习。这种练习不是体操式合练，更不是双人舞，前者是相互配合，相互默契；而双人试力恰恰是相互拆台，相互欺骗，把自己的舒适得力建立在对方的失误和失败之上。

你首先要力求自己的重心、间架完美无误，并随时排除掉对方的种种针对性的干扰，稳固自己不可胜，不为敌所乘的有利地位。仅仅这样，还不能制胜对方，还必须在力保不失的前提下，诱使对方失误，逼迫他失误并不失时机地抓住对方的失误，迅速扩大其失误的连续影响。使之一误再误，终至不可收拾最好。

互制环中，就是要体察对方接触点所反映的重心是否偏倚？间架是均衡？步法与身法是否协调？周身关节是僵是活？肌肉松紧转换是缓是急？所谓环，是指以中为轴的肢体合理支撑的间架。这环有什么作用呢？如果是一个无中无轴的铁环，被直刺来的木棍碰撞后只能向后退出。一旦变成有中轴支撑的铁环，情况就大不相同了，只要在木棍碰撞铁环的瞬间，将环稍微一转，来势汹汹的木棍便会一下子偏滑，改变方向朝别处冲去。若再使铁环借势在已变成横向的木棍侧面轻轻一挤，这木棍就可能会打着旋冲得更离谱了，这便是拳术中持环得枢、借势打势的妙处所在。

2. 有法无法

既然讲推手是一种针对人的控制与反控制的训练，那就必定要有许多问题要具体解决。比如说：你用双手去推对方的胸部，而又被对手的双手成功地按压下来，再往下怎么做好？告诉你，不要硬向上向回抬杠，而可以将肘横撑，两手的被压点顺势向里滚接拧，两掌心由原先的向前向下转为各向左右，使拇指由相对变成向下，而将触点上的力指向继续直逼对方。这时，对方的双臂由向下压你的主动，转化成被你用双臂向内挤卷的被动局面。你会接着问，再往下我该怎么办？ 这些问题，其实都是在问各种情况的应对办法。现在需要讲的是，推手、散打，到底有没有招法？若说没有，那我们在站桩、试力、蓄力、步法、发力中的基本间架，基本法则不都已经包括了吗？我在国外讲学时曾与不少名家交手切磋，他们也总问我所用的都是哪些招法。我讲没有超出两三种试力的，他们一下子不信，但仔细一比划，还真是实在话。的确不外乎那么两三下，都在站桩试力之中。若说是有法，那应用中每一次与每一次又并不一样，这一次是一拧就进去了，下一次是一拧又回来了，再下次是连捻带卷，再下下次却是一掀就成了，自己都说不清。棋界的朋友们说：“千古无同局。”我真正理解了。

道理是这样，可具体练习时总得有个大约的一招半势吧？这实际上就是基本功与实战运用结合的突破点。每位学员的性格、体能、身材及运动基础各不相同。就像中国摔跤选手，个子小的他小得合、耙拿就学得快，身架长一些的挑钩子、大别子就容易先掌握。学习推手，外形的手势变化并不多，所以说入手不算难。关键是，搭点见是手，变化在全身，松紧虚实处，万法尽其中。拳意之法，有法无法，乃原则之法，本能之法。

3. 矛盾求生

从站桩、试力、试步、发力各项基本功算起，无一不是充满矛盾，充满矛盾的互相依存与互相斗争。习拳训练就是在不断认识揭示，掌握并促使身体内诸如神经系统与肌肉系统、肌肉与骨骼、关节与关节、肌肉与肌肉之间的矛盾关系的对立统一以及演变发展。反映到具体训练中，松与紧、动与静、刚与柔、虚与实、顺与逆、收与放、进与退、守与攻，这些矛盾又随时因客观或主观因素的变化而相互转化。拳谚“见虚不打见实打，要知实处正是虚”，实在是矛盾求生的生动写照。

初学者常有这样的难题：双方一搭手，就扯在一起了，想顶，过不去；想挂，回不来，很难判断出对方虚实转换的空隙。有时好不容易摸到了对手的僵滞瞬间的弱点，刚要顺势而进，不行！自己竟然比对方还要钝，等自己调整过来了，刚才的机会早不是那么回事了。具体讲是支撑点的松紧与全身松紧难以协调，对方一逼，自己支撑点紧了，可是这一紧就连肩带胯全紧了。好比打牌，人家刚出了个小三小四，你一下子就甩出大小王，这牌真就是没法再打下去了。

凡是矛盾，都有自身特有的规律，就说人体的整与散、松与紧、虚与实，那都是相对的，都是有条件的。对方重心稳稳的，间架圆圆的，都是有条件的。对方的支点与重心也不会无缘无故地变化，关键是一个“利”字，“趋之以利、不得不动也”。具体分析，假如你的支撑点比较松，间架又稍开阔些，两脚站位呈横向，重心失衡，精神还不太集中。这种情况下，对方就很可能不再稳固防守而试着扩大这个机会，此时，对方的支点就可能会暴露意图，重心也会前倾，如果操之过急，身体起动中造成的僵紧，就会给你送来可乘之机。当然，这只是矛盾的一个方面，还要依靠自身松紧虚实的合理调配和及时转换，才能真正利用这种机会，缺一不可。这些都没有什么定规，只能依具体情况而论。

4. 推手基本知识

练习推手，先要搞清推手的常用部位，专用术语，基本法则。

（1）点。在推手中，无论双方功力、身材、体重、精神素质的条件怎样，这全部的战斗力只有通过彼此接触相交之点，才能施放出来。无论单推、双推，双方均以手臂或攻或守搭手触接。这个相交之点，在推手或散打中都有着举足轻重的作用。点的基本作用在于，一是最早与对方接触，使其难以长驱直入；二是通过点上的抵抗与变化，隐蔽自己的重心，从而创造种种时机；三是由点的接触得知对方的松紧协调，虚实转换水准及中心所在。

（2）指。是说自己力量通过点对彼方中心的逼指。使对方一接触就别扭，就想努力不别扭，他就不得不动，动是为能周身协调，内外相合，松紧得当，中心稳固，但一动就是麻烦，稍有不慎，便授人以柄。你若不指对方，他当然舒服，不紧张了，可对方一合适自己就该难受了，所以，一定要指，时时处处总在指对方。

（3）听。不指对方就不会有过多的反应，一逼指他，对方外形是不显什么，但里面肯定忙活，这许多内部的动静便会通过点反遗回来。信息的传导震颤，可以反映出对方的中心所在，重心偏倚，松紧调配，间架得当及力量的大小、快慢、长短、方向等。初练者一下子听不出来，听到了可能听不懂，听懂了才知道该干什么，所以要格外练听，其实在站桩，试力中都有这个要求，通过推手，可以更加深这一层的理解。

（4）线。双方以点接触，又要相互以点摸准对方，控制对方。这就不会总相持在一个或几个固定的位置上，双方都要充分运用各自所学基本功的全部用场。这点又不能分开，这就形成了点的连贯的不规则的运动轨迹，这就是线。由无数个随机待变之点组成的线。也是机变无穷的线。这种线在推手中的应用表现是打轮，也叫划圈。当然，明显直观的是手臂在打轮，实质上是全身各部位都要相应地打轮。说是划圈，但目标是直的，谁都知道“连接两点，直线最短”，对方的支点逼着你，无所迂回，若真是门户大开，没招没架，干嘛绕圈呢？一定要直取。初学者常会出这种笑话，对方支点已明显地失控，并不逼指不威胁自己了，可他还在那儿自己绕胳膊玩呢。拳理强调“形曲意直”，千万不要忘记自己这推手是干什么来了。

（5）节。应用是专指人体骨杠杆做功中支点力点和阻力点，因为作用力和反作用力的载体都是相争相依的活动人体，所以，这个节不是完全固定的，也包含数点交叉和段的含义。拳术中都讲：根节、中节、梢节。我们一般可称由肩肘到大臂为根节。从根本上讲，力的传导由根节起，经过中节，最后送达梢节。如果从力的传导和应用效果来讲，那腿的蹬地点便依身体重心轴而成为根节，肩与胯便为中节，梢节却要以对方重心反应出来的，与我接触的阻力点具体位置而定。如果我们已经通过肩、胯，至胸、背就已经完全能够将力量作用到对方阻力点，情况又另当别论了。所以，仅仅了解和运用自身的三节是不完整的，只有在自如掌握各节之联系的同时，使得对方三节为我所制，为我所用，将彼三节纳入我三节才能成功。

（6）角。推手离不开关节的支撑，而全体关节无微不含屈势，亦无节不呈钝形角状。在推手和散打中，我们的间架都处于“形曲力直”的曲折钝角状态，肢体以钝角支撑承受外力，可以很大程度地减轻或抵消直来的力量，而我施加于对手的力量却要力争直对其平面中间。角度的不同，效果亦大不相同，可称是避其锋芒，击其惰归。间架的恰当的钝角曲折，还可以缓解对方攻击力量对打击部位的直接伤害，这是武术推手、散打的重要环节。

综上所述，不过是在初学推手时的一部分基础知识和要领。要真正弄懂站桩，试力，走步，发力与推手的内在关联，还要肯用心揣摩，不怕锉折和反复，单纯取巧和蛮练都是不可取的。

（三）推手训练

1. 单推手

单推手，是以单手进行的推手。在各种格斗对抗的武艺中，敌对双方通常都会采用侧身而立，一手略在前，一手稍于后保护头部胸部的备势。在前面的手臂也会较身体其部位更早更有效地接触对方，控制对方，打击对方。如果双方都采用左手势，那么相交的也就都是左手，反之亦然。单推手即是推手的基本练法，又是推手中的高级功夫，当年王芗斋先生与人较技，大多是只抬一只手，粘上点一抖便将对手放出去。所以，单推手形式简单，内容可绝不简单。练好单推手，不仅对于双推手而且对散打乃至各种对抗技法的提高都是很有益处的。

（1）接手。面向对手，距三尺即以丁八步备势，前手为撑抱式，后手掌心对前掌心，呈欲推挡状，全身松和的蓄发状态。两手间隔以一肩侧冲不得进为宜。以备势相对，准备实际与对方接触，一定要随时保持应变能力，不可以懵懵懂懂地搭上手再慢慢找劲，听劲儿。因为无论单双推手，都是断手训练的一个阶段。如果完全是养生自娱的推手，就不必这般了。否则，一定要像斗鸡入场，亮出精神气势，先声夺人。

通过接手训练：一要学会迅速进入待搏待变的状态；二来接手之际度其中心何在，距己之短长，站位之虚实，间架之当否；三是一旦与人较技，伤人之心不可有，防害之心不可无，稍早一点进入状态，有备而无患。

（2）搭手。由裁判宣布或双方认可推手开始后，无论主动上步还是等对方迎去搭手，都要由备势延伸，迎搭之手高不过眉，低不下肩。若是上步搭手，可将后脚轻快地向对方背侧方向斜上半步，在双方按触点的角度上争取一点优势。不上步的一方则也可相应小调角度，这便是对抗中寸利必争的原则。

而功底很厚的练家则无须此举，怎么搭都能找合适了。前手相搭的部位一般在腕到小臂之端之间，着力点的具体位置就要依对方的角度，松紧度据情况而定，但原则是搭点之后，应有旋拧钩挂的余地，搭手的最初一点多是顺手背的前臂外侧，手掌略向上翻，搭点之后往往转向下扣腕，以求利用最初留好的变化余地来争取主动或扭转被动。了解搭手的要领后，可以先做以下这样几组练习。

①抢位搭手：双方以招势各自做好准备，先由一方做喂手配合。所谓喂手，要求配合方从意念中认定对方肯定就是某一种力量的强性搭手，不加任何变化直力相迎，以这种途径使对方逐步掌握搭手的变化规律。但喂手一方一定要当真来做反应，不能形成打花巴掌似的配合游戏。现在开始：定位方以招势准备搭手，进步方临搭手之际突然以斜步抢位搭手，而定位方只想着直线迎去搭手，结果使进步方从侧后搭手得势，造成被动或重心失控。

② 断位搭手：双方以招势各自准备，进步方看准定位方直迎的趋向，以斜步侧面抢位搭手，定位方突然在搭手之际斜步转身，利用进步方略长略慢的直进间架，断其侧面反使进步抢位一方陷于被动。

③ 撞中搭手：双方以招势准备，定位方前臂略向内抢，肘部稍抬，使手臂呈横位，进步方撑圆间架，突然堵撞守位中线。

④ 张臂搭手：双方以招势准备，守方以前臂迎拦攻方搭手，攻方

以前臂外侧锋面接触并施以直进力量，一俟感到对方产生直抗反应，立即将触点由外向内张，连续转至180°，而控制点由对方前臂之外侧卷进为内侧，使其重心前倾。注意同时顺肩、提肘、拧臂、掌心逼向对方胸前中线位置。

⑤ 自我滚手：以丁八步站稳，后手撑抱式准备，前一手平行外展，然后摆荡中撞后手搭手点，后手利用来臂的横向惯性一面迎拦，一面由外向内顺势滚拧。既要化解来臂的冲力，又要保持撑抱的间架基本不变。

（3）圈手。在搭手练习中，双方一按触就要相互争取优势，稍有不慎，便会受制于人。如果一经交锋谁也不能在最初较量中占得上风，那就会发展为两种局面。一是相互分开，再各自寻机再行搭手；二是双方都将最初的火拼缓和下来，共同进入圈手周旋，也是我们常说的“打轮”。

圈手

打轮的目的是寻机待变。可能刚周旋一轮半轮便得机而入，也可能貌似平和地相互圈手周旋多个回合。圈手的要求是：双方中心基本稳定，全身各关节以中心为轴，配合手臂如摇转磨豆浆的小石磨那样，平行地顺时针或逆时针呈圆周运动。当然，所谓的圆圈可以是正圆，也可以斜圆、椭圆，总之是没有定规，依对方动力指内及变化而动。

再就是自己手臂伸向对手时，向外控制之力会略大一些，而被对方挤压手臂转回来时就要尽量多顿一会儿，多利用对方力量，不断造成对方多余的不恰当的用力。只要对方打圈手的松紧转换不得当，数圈之后便可能会呈现各样的漏洞，这时再突发搭手抢位等等的变化。所以，圈手的练习要求均匀平稳，不追求速胜。但圈手的运动轨迹上的每一个点都不能随便处理，滑然而过。尤其要随时通过打轮过程的每一瞬间体察对方重心松紧，间架虚实的各种情况，同时尽量调整不使自身失当，在这种动中求静、稳中寻变的过程中培养周身松紧的调整和运用能力。

（4）单推手。在前面已进行的练习，尚属限定条件的分解性对抗，并不要求完全进入推手状态。如果说前阶段接手、搭手、圈手是迈步，那现在的单推手才算是真的走起来。

单推手，形式是单手与单手相接触的双人对抗，其实质却是通过站桩训练养成的全身功夫的较量，推手绝不仅局限于手推手，根本要领只是推人。下面讲讲单推手练习。

双方各以备势相对而立，基本依照接手、搭手、圈手的程序展开。经过几个回合争抗，双方进入寻机的圈手打轮阶段，做为与对方相接触的手要随时注意：

① 手臂撑抱要饱满圆融，既不能不顾身体是否协调而单独捅过去，又不可因对方挤压，使手臂曲折成锐角而难以回旋。

② 无论对方怎样，自己一定要随时舒适得力，丝毫不去迁就对方，脚步不稳及时调，一出现机会就扩大战果。

③ 对方直进，自己要以斜引，对方力量横拨，自己坚决指逼，不可无谓地别劲压劲。

④ 无论点上还是直接推身上，只要形不破体，力不出尖，能发力立刻发力，发不出再变。

⑤ 只求制人效果，初习者基本功不扎实，动作没准谱，看上去不成样子都无碍大局，不怕人家说是胡冲乱拼，一交手就下决心摔倒对方。

⑥ 不怕吃亏，机会相等条件相近，不试试怎么知道用上用不上。心理压力大，功夫就很难发挥出来。

至于具体在推手中哪一下应当如何对应，那些情况应该怎样处理，毕竟不是对招拆手，不可能对号入座。这里最好有老师或经验较多的拳友观摩训练，现场指导。再就是边推边与教材，与所学的试力、变化能力挂钩，反复对比印证。推手与试力紧密结合，试力时多体验推手时不同情况，推手时多揣摩试力中的感觉，自然可以很快进步。

2. 双推手

双推手，是双方均以双手同时相接触的推手。我们知道，无论何种技击术，把握门户出入的关键就是我们的两只手臂，拳谚“踏住中门便有”。高明的专家可以很巧妙地随意打开对方的“两扇门”，自如地出入。“只要开了门，抬腿迈步就赢人”。同时，自己的两扇门却使对方万般无奈。对方刚要推门，门便自己顺势打开些许，侧身一进却及时夹挤犯者，若是用力一拉，门又顺劲松开放你后仰而去。这门开门闭恰到好处，使对方光想赢人，找得着路却找不到门。这门开门闭，放进让出的功夫，便是双推手的基本内容。

双推手

由此可见，双推手较之单推手在周身相合动静无定、攻守若一等诸多方面均有更高更全的要求。技击型双推手，被武术界称为“散推”，其对抗之激烈，变化之刁钻，发力之迅猛，亦可称得是“准散打”。

从一定意义上讲，双推手已然属实战训练，并且在深层内里的技术变化上，较之散打更为细微、精妙。尽管从规则来讲，推手仅属训练搏击功能的一种手段，不可以与拳击、柔道、泰拳等外国技击术简单的对比，但其中那种周身无点不弹簧，惊变之中鬼难防的运力发力特点，却是唯我中华武术所独有。

（1）双封手。就是以手臂为门，根据对手的情况，预先封掩自己的中心线，使对方进扰的必经之路通行不利。说是封手，但并不是单纯的招架抵抗，而是积极主动地迎截，具有似守实攻的特点。一般有合封与分封。

双封手

合封：以丁八步顺势或拗势准备，两手张开间距要略宽于对方两手备势的间距，两手高低可视对方备势而调整，一般要求前手指向对方中心线，后手封住自己的中心。可前低后高，亦可前高后低，重心略低，中轴灵变，关节似簧，脚下勤移。两手或攻守、或进收，勿忘各司其职，左手不向右边去，右手不往左边来。手臂的变化离不开试力中揉球、拉簧，但在推手应用中绝无定式；推手步法尽在摩擦步中，而封手之势亦为桩势无二。所谓合封，指两手由外向内相迎，要正好挤压住对手。分封则是对方开势大，即由桩势由内向外截拦。封手在对抗中不一定是个什么方式。也许要一手分一手合，也许会刚分即合，但最根本以一条是先截住再说。好的封手功底，是在各种技击对抗中立于不败的最可靠的保证。

（2）双搭手。双方在待接触时，各以封手选择恰当的时机与位置，一旦接触就要立即各争上风，这又是搭手的任务了。搭手的根本点并不全在手上，而在于脚上，有经验的拳家，搭手必踏中，万变不离其“中”。所以多数拳家在推手的搭手时，采用斜走直取的原则。当然，没有扎实合理的封手，没有快捷机动的搭手，那就会一下陷于被动。手都让对方给管住了，你的步子也就很难变化。我们已在单推手的练习中做过抢位搭手，断位搭手，撞中搭手，滚臂搭手，那些原则还基本适用。只是做为双推手的搭手一般都不同于单搭手，要一下子抢主动。双搭手更注重两手的互补互进作用，很可能是左手为撞搭手，右手做滚臂搭手，总之，试力的所有变化，都将在搭手的三两下之中充分亮相。

（3）活步圈手。与单推手一样，双方搭手争主动，如果实力相当，便会进入相持周旋。双方的手臂充分运转，全身协调配合，边走步边打轮，再寻战机。双推手的打轮与单推手就不大相同了，单推手打轮是好像用手平行的摇石磨，而双推手的打轮就像两手交替着反复在对着墙壁以肘为圆中心，以小臂为半径划圆圈。初练者可以先将两臂接触好，以丁八步起势，然后不动步地两臂交替打轮。这种练习要求把圈划圆，打顺，两臂交点保持良好的粘着力，无论手臂转上划下，相交之点都不要忘记“指”与“听”的根本任务。只要定步双手打轮基本走顺，立即变为双方一至两步进退的动步圈手。必须要求自己的脚步完全为重心服务，稍有不适便是脚的失职。不允许重心已经很别扭，双脚仍稳做壁下观，让上肢被动地挣扎，如养成习惯，则不利于随机随势的技击本能培养。圈手，实亦为圈步也。

（4）双推手练习。在双推手练习中，所遇到的情况会是错综复杂的。双方都要在高度机动的攻防变化中使出浑身解数，寻找和创造把握胜局的时机。推手对抗中，手上走龙蛇，翻滚拧钻。脚下席卷风，步步系输赢，你来我往变化万端。初学者往往感到眼花缭乱，无所适从。

万变不离其宗。前面讲过的试力基本手势就是推手中手型规律的集中代表，现在是学以致用的问题。举一二例说明。

（1）揉球式。凡是自己手臂由上方控制对方时，手臂向下扶按，而手掌却要立起来，手指张满，手心亮向对方中心线；反之，被对方从上面压按时，手臂向上向前顶，而手掌却似抓球一样转向下向外。此时影响对方的手臂充分发挥杠杆与斜面的力学作用，事半功倍。同时指力不间断地威胁对方。

（2）拧簧式。凡是自己手臂由上由外向对方进逼，则应当将手臂向内向前钻，而手掌则由掌心向下转为向外，凡手臂由上由外向内压挤，则我手臂外撑，两掌心相对并顺势向下拧，这种曲折的螺旋滚动，可以有效地在直指对方中心线的同时，攻变对方攻或守的用力方向。

在双推手的周旋拧绕之中，还须讲清以下几个注意事项。

（1）防护要害部位：初练推手的学员在圈手过程中较容易只顾打轮，推人，而忽略严密的封手防护意识，有的则一味低头插腰“推小车”而根本不管头部的安危。推手不允许攻击头部、阴部等要害，但推手毕竟是实战训练，是搏击的过渡和补充，任何不符合实战要求的习惯一旦养成，关键时刻很可能使自己置于险地

（2）脱点：初练推手，在激烈对抗和复杂变化中往往会造成原相触支点的失控，脱离，这叫脱点。脱点有几种情况，一是练习者动作协调性差，所以容易脱点；二是只想控点却忽视了“顺力逆行”的矛盾感，比如一心认定可以通过挂拉将对方重心引过来，却不想对方可能会顺水推舟，把点上一放，结果不仅自己可能向后仰，还可能被对方顺势而进的肩、肘、胸、头所伤；三是一方松紧不当，重心偏倚，对方通过相触点上直接发力，造成脱点并陷于被动；四是有的习武者可能会突然摘点而抽手攻击。这些情况在练习过程中是早晚会碰到的，只要认真按老师所授基本功严格训练，形成完全符合实战要求的

间架习惯和各项意中力之法则，经过反复实践，都可以逐步解决。

武术推手对抗性强，许多基本功法都在其中。因此，在练推手之前，应当对站桩、试力、摩擦步、发力等都有了基本掌握再进行。推手练习前，要先练半小时以上的基本功法，将各关节活动开，然后按预订计划分步进行。推手练习的时间不宜过长，每对练十分钟，休息数分钟再练。推手中要明确目的，主要体验双人试力的整体感觉，如果一味求胜，即使时有得手，但不去与拳友共同研究分析，最终难成正果，或流入异端。

九、技击

技击是中国武术的最基本属性。就整个人类而言，用以生存发展自身的攻守技击术，其历史与人类发展史同步而行。

随着时代的发展，武术的技击本质已经开始分化为单纯用以健身的演练套路，专门用以表演竞技的规定武术套路，专门服务于影视效果的对练特技等，都达到了很高的水准，形成了相对独立的技术体系。

但是，即便是科技高度发达的现代文明社会，武术技击仍具有不可替代的重要作用。

第一是克敌制胜，这是军警、保安可能面临的职业任务。必须有过硬实效的技击本领来实现。

第二是防身自卫，普通公民日常生活中有可能遇到偷、抢、强奸等犯罪分子和恃强欺弱者。只有较高的技击训练功底，才能在孤立无援时保护自己。

第三是代表国家、地区的武术组织与外国技击家的交流，以精湛武功为中国武术增光。

竞技格斗之一

竞技格斗之二

竞技格斗之三

竞技格斗之四

第四是旨在调动人类巨大本能的技击训练，对现代竞技体育水平的提高有特殊意义。比如拳击，一位著名老拳击教授曾断言："中国拳击的主要出路，在于与武术的结合。"

第五是通过技击训练不仅身体强健，动作灵活，而且头脑机敏，意志顽强，对于提高自信，承受逆境，适应激烈社会竞争都有特殊意义。

武术技击是站桩、试力、摩擦步、发力和推手的集中体现，也是体用归一的最高检验手段，其本质就是你死战活的格杀。

为了适应武术整体发展的需要，武术的技击实际上已经大致有以下区别。

一、散打。中国武术散打已列入全国运动会正式竞赛项目，同时也已成为亚洲武术联合会、国际武术联合会规定的正式国际大赛竞赛项目。所以，散打在今后相当一个时期内，都是武术技击对抗在体育竞赛中的高层次检验形式。应当在充分发挥自身特点、风格的同时，认真研究中国散手的规则和技术规范，努力将拳术训练的原则原理运用于散打，为中国武术技击在世界的弘扬做出新的贡献。

二、实作。技击的交流不能只限于几个拳种内部，也不能只适应一种竞赛规则。但不管怎样，这种交流都应是规范而友好的。比如：按拳击规则交流，可以提高上盘攻守的水平；按散打规则交流，可以促进技术的全面；与泰国拳交流，可以适应攻防的强度；与空手道、跆拳道交流，可以领略快捷的腿击节奏，综合格斗则属擂台的十项全能，更有益于博采众长，各显其能。

三、断手。拳术的应敌技术，在遇到危及社会、危及自身的情况下，必须尽一切所能，尽快地重创或制服对手。这种时刻，一切为制敌，没有规则，没有禁用手段和禁击部位。当然如果尚能顾及，尽量控制在现行法律规制的范围之内。

四、过手。属以武会友的君子所为，应尽量把握分寸，所谓点到为止。这需要双方都有很高的功底和武德。既是君子所为，应是双方严格恪守所规，一旦越轨，很可能立即升级。所以，但凡与人过手，均应慎以待之。

（一）技击法规

武术技击最大特点是没有定规的招势招法。所谓“一法不立，无法不容”。在推手练习中我们已经感受到基本功法与对手相交时随机随势的特点。所以，拳术的训练，是旨在发掘和调动人体潜能的功能训练。是激发精神意感的状态训练。是依循人类技击根本规律的原则原理训练。是完全以敌争生存的实战训练。其实，东汉时期赵晔所撰《吴越春秋》中对越女剑术理论的描述就颇为典型：“其道甚微而易。其意甚幽而深。道有门户，亦有阴阳，开门闭户，阴衰阳兴。凡手战之道，内实精神、外示安仪，见之似好妇，夺之似惧虎。布形候气，与神俱往，杳之若日，偏如脱兔，追形逐影，光若仿佛，呼吸往来，不及法禁，纵横逆顺，直复不闻。”文中对于手战之道的动与静、快与慢、攻与守、虚与实、正与奇及逆顺吐纳等诸多矛盾关系，都有极精到的评述，亦可谓之技击法理之座右铭。习技击，求化境，若非此途循进，而终匠也。

（二）内实精神

技击一道，生死攸关，当以精神气势为先。俗语“重赏之下必有勇夫”，说的是物欲。古训“置于死地而后生”，说的则是生欲。若无某种精神激励、精神动力，拳术高明者也可能败给混楞小子。“蛮拳打死老师傅”并不单是一句笑话。然而，树立一往无前的大无畏精神，并不是想有就有拿过来就用的，还必须有目的、有步骤地培养。内实精神，就是由外向内，由不实向充实的锻炼过程。内实精神，实际上是大量物质活动的结果，首先要培养强烈的民族自豪感，要有明确的动机。试想一位拳手与人较量，如果其目的仅仅是随便玩玩，那他大可不必太认真。但是，这场较量事关祖国的荣誉，事关师长的前途，事关巨额收入，那这位拳手定会有较高水准的投入。其次要心中有底，高度自信。这种自信，一是来源对自己训练的自信，二是来源于对彼方的详尽了解，否则就成了盲目自信，妄自尊大，三就是要创造积极活跃的增力情绪状态。由于这时的大脑皮层具有适宜的兴奋和抑制过程，平衡性，灵活性俱佳，植物神经系统和内分泌系统更积极地发挥功能，周身肌肉组织高度协调，形成最佳状态。站桩中的精神假借训练，要求培养高大豪迈的气势与意境；要求外收内养，体察周身肌肉、骨骼、关节及细胞活动之神态，形成自知、自明、自信的内实状态。要求以意感迎临巨敌及毒蛇猛兽，共争生存，激发居高临下、气吞山河的无畏感和从容状态。这些内实精神的具体练习培养，是武术技击的根基。有的拳师，以拳为拳，或专打千层纸、断铁条、冲拳成千上万苦练其中，这样的结果是挥拳可碎石裂木，又另当别论。单练拳头不够，就苦练腿、踢木桩、踢沙袋，结果应当是一样的，至少脚还不济手灵活。当然也不是一无是处。王芗斋语：“混打蛮击亦有益，须看对手他是谁。”如果旨在追求拳术精义，出神入化，以上练法就很不全面了。看一下拳击或散打训练，应当讲都是相当具针对性的综合素质训练。用什么方法提高动作频率，用什么提高爆发力，用什么加强动作协调，用什么提高动作节奏，还有许多内容，都是针对诸如距离感、准确率等实战中切实需要的，用什么练什么，缺什么练什么。这些训练方法都实用有效。

意拳的技击训练，继承和发扬了中国拳术的传统特点，在形似不动的站桩过程中，以精神假借协调肢体运动，而不是单纯用杠铃、拉力器负重训练肌肉。任何有形有矩的外物辅助当是都有效的，但其训练的针对性、全面性，距实战需要相比还是有限的。而意拳的精神假借却要自由和广阔得多，所以，可以使人体达到更高程度的协调统一，肢体间各骨骼杠杆的运用作功也更充分有效。这种“一动无不动、无微而不合”的练习效果，使得全身上下，无论手、肘、头，还是足、胯、膝的任何部位，只要距离与时机恰当，都可以应感而发。不管是哪个点做为打击武器，都可以产生周身发力的效应。

所以，技击之法乃全身之法，绝非枝节，片面，局部动作所能成就。通过默念静悟的寻求，以小宇宙应大宇宙，自然而然，力自浑元，以身为拳的武器，便是六面有感，八方可应的浑元力。

（三）体用莫分

正因为意拳独到的拳理和训练原则造就了许多好手，致使有的意拳练习者产生了一些误解：一种是认为意拳集诸家之大成，所以，只要一练此拳即为大成了；一种是认为意拳以精神假借乃属神助之力，只须耐心细心精诚地站下去，把诸般感觉直真悟到，那真功夫就自然附体上身了，拼拼撞撞实无必要亦不成体统；一种是认为习拳不是注重真打实搏吗？光往那儿一站就能成气候吗？于是碰上就推，拉着就打，这样实打实的练法肯定也会有收获，但都失于片面。以上若干想法的误处便是忘记了“体用莫分”的原则。

形意拳名家刘奇兰先生对“体用莫分”有精到的评述：“自己练者为体，行之于彼者为用。”这就要求意拳练习者一定要把领悟拳理，苦练基本功与技击实践有机结合起来。农谚“种瓜得瓜、种豆得豆”，至理名言也。即便是“体用莫分”地应用了，也要本着严谨务实的精神，对待不同拳术技击的每一个共性与个性的东西。姚师曾讲过：“当年日本人泽井剑一先生几经比试后，对意拳已十分服气了，一年夏天，泽井抱来几个西瓜请客，他手持一柄练剑道的竹剑高高举起，猛地下劈发力，恰到好处地一个刹力，竹剑似未触瓜，大西瓜齐刷刷地像刀切一样分成两半。”姚师说：“泽井请我也试一下，我不试。为什么？我没练过这个！”这就是说，每一个具体的实践会产生具体的真知。世界上各种攻防术这么多，若不虚心踏实地研究其原理、训练原则并亲身实践体验，就没有资格随便下什么结论。只有多与人交流切磋、身经百战，才可算得“实作通家”。

（四）攻守若一

技击中的攻与守是对立统一的一对矛盾，攻与守都可依一定的条件而互相转化，这正是中国技击区别外国攻守术的最主要区别。多数的格斗术是单独练习攻击又单独练防守，熟练者可击上防下、防左击右，基本未脱离你一拳我一脚、我一攻你一守的格式，只有水平很高的拳手才可能应用迎击交叉拳，拨腿顺踢的攻守合击技术。意拳的技击训练则是一开始就强调不间断地指力对方、威逼对方，“进操其身、退领其气”，反正总是要控制对方。所谓“不招不架，只打一下”，这一下，既是攻，又是守，怎么打都要有，任何单纯的进攻和消极的防守都是不高明的，都是可能使自己顿时陷于被动的。

攻防转换

习拳站桩，就要求能够随时保持攻守若一的状态和进可攻退可守的技术间架。实践证明，凡是优秀拳手的间架都能始终保持高标准。这本身说明："形似不变待万变，机会只在一瞬间。"技击好手无论进退反侧，都会不离桩功的间架，都要体现整体的"一动无不动"的技击原则。

仅从形式上讲，随时处于攻守若一的状态，也就缩短了攻守动作的距离，也就赢得了时间。另外，过大的躲闪动作会使自己虽然避开了打击，但同时也错失还击的时机。而过猛的进攻动作也会因一旦失误则遭对手反击。所以，有经验的拳家都知道，高水平的拳手相对，机会与危险并存。如果攻守脱节，便会痛失良机，剩下的就是危险。

（五）守中用中

在技击训练中，教练常常会在大声提醒对抗的双方："他别老让人指啊！"所以，技击练习者实作中，都十分注重随时总有一只手逼指对方的口鼻所在，周身的正侧转换都以此为轴。我们知道，人最敏感的是重心，控制了对方的重心就控制了他的全身。而且口、鼻、眼，均为"黑三角"，一旦遭创亦可能致使满盘皆输。再者，对方无论多灵活快捷，他可以闪开头，提起脚，而独有身体的重心最难藏。而只要中心遭创，重心不稳，其方寸必乱。高明的军事指挥员，在突袭敌人时，专打指挥部和结合部，本是同理。有经验的拳手在相搏中的一切努力都是控制并摧垮对方的中心所在，同时，尽全力随时保护自己的中线勿失，唯此为大。这个中便是技击的主要矛盾中的主要矛盾方面，抓住它，其他一切矛盾都可以迎刃而解。拳谚："足踏中门夺敌位，便是神仙也难防。"而这彼中己中的得失转换变化，"只在鼻前一寸间"。这种鼻前寸间的精巧变化，往往就从根本上决定了双方斜与正、虚与实的转化。守中用中就是制敌而不制于敌的最根本法制。断打之中的得中失中是眨眼间的事情，而日常千百次的基本练习所形

◀ 攻防备势之一

▶ 攻防备势之二

成的下意识的本能反应，才是实现守中用中的基础，才是克敌制胜的保证。

（六）拳意之功乃自然之功

意与拳融则一通百通，须心领神会，意悟灵明，功到自然成。有志修拳术之真谛，并非只在操拳本身。定时定量的练习自不可少，然时时思悟揣摩“拳不离手，曲不离口”，才算是更深透的习拳要诀。所谓“行立坐卧，不离这个”。习拳有道者，稍有空闲时，便是一种若思若感的悟劲找东西的神态，久而久之，拳意之功不见其长，日有所增，日积月累，终成正果。

初习还要静下心专以引导，这里还有点紧，那里还得松，感觉的东西也不够真切，这个阶段是要多讲意不用力。待学有所得，便是意到力到，意力相合。而达到拳学至境之时“有形有意都是假，艺到无心始见奇”，此种拳劲才是意即为力，力即为意，应敌之中“不期然而然，莫知至而至”。平日拳拳服膺，用时自可应感而发。

（七）无我至真

武术的技击对抗，既是力量和技巧的较显，更是精神气质、意志品质、经验机谋乃至心智内涵等方面的全面抗衡，追求拳学之上乘的极境也同样是修琢德行的极境。在与敌相争时“畏敌者必侮”，患得患失，未交锋而已气输三分。这就是我心败我，输给了自己。首先培养和保持忘我投身的斗志和我行我素的应敌状态，进而调动和激发内在潜能，所以说，“各项力量都由浑元扩大，空洞无我产生而来”。一旦应敌，无论其多寡、强弱，都必须以整个身心投入，无我至真，全力以赴，所谓“狮搏象用全力，而狮搏兔亦为全力也”。我们在桩功训练中追求的是真切的意境，在技击训练中追求真实的功夫，所以不管是推手散打的练习，还是断手制敌的决斗，都应保持无我之心态，发扬至真的精神，完全从气势和意志上压倒对手。因场合和对象的不同，我们实际上不可能对任何对手都是“打不着不打，打不重不打，打不死不打”。但绝不允许“打着玩”。即使不许伤害对手，在气势上，在应敌状态上，也必须夺之似惧虎，“着敌犹如火烧身”。还是那句农谚：“种瓜者得瓜，种豆者得豆。”训练时你骗它（功夫），一时半会儿，临敌时它骗你，一生一世，真练与假练的效果不言自明！

前面所述为武术技击之基本原则原理，可作为推手、散打对抗训练和竞技之辅助。练习技击，仍应以拳学极境为最高追求，芗老曾言“技击乃末技”，如本末倒置，舍本而求末，则虽可持一时之威勇，然终不得拳意精奥。

为习者技击练习中或有补益，仅将余之多年习拳心得歌要附上。实作歌要：

临敌慎审势，勿至中先失。

间架方圆蓄，剑戟跃其间。

距感心中度，正侧即可分。

内实意中力，静若呆木鸡。

未及拳相搏，智勇斗三合。

门户阴阳转，步争七分高。

初语虚实定，随曲忽就伸。

斜正探中门，得势勿让人。

夺之似惧虎，着敌灵蛇惊。

十腿九凶猛，勿放半边空。

滚拧斜中撞，环踢难胜防。

迎拳拂掸尘，攻守何须分。

膝肘短中险，近身我先崩。

快跤斩根基，稳封即发力。

抓拿裂筋骨，化打解其凶。

借易上法难，仍以上为先。

进当摧其身，虚实照中打。

退则抽其神，互制环枢引。

首尾蓄争力，三节调短长。

周身鼓与荡，筋伸骨锋藏。

遍体空灵意，无处不弹簧。

闪进互为用，炸点力不亡。

持桩搏饿虎，应敌无人境。

三角螺旋力，皆自浑元生。

无我而至真，力在自然中。

第五篇

技击练习

真打一拳开，实用百意来

武术技击的基本功是根据技击的不同情况，综合竞技散打、实作及断手的共性技术要求，本着以练为战的原则，完全以实战需求为依据而确立的。

一、技击备势

纵观世界武坛，各类技击格斗术，都十分讲究实战对抗前的备势和对抗过程中的基本势。由于技击对抗的条件、对象、目的及自身的特点不同，我们所采用的备势间架也不应该是一成不变的。更重要的是：所采用的备势完全是自己基本功、发力特点的反映，军事上讲“有什么武器打什么仗”“武器决定战术”。冷兵器时代的军队列阵与现代战争中的军队布阵，同是一个军事强国，20世纪30年代与20世纪90年代也绝然不同，其中，武器的改进是主要因素。

武术技击专项力量的特点是以身为拳，在对抗中发力不过多依赖大幅度的局部肢体冲程的惯性，而是以精神激发，恰到好处地使周身肌群在瞬间的高度一致的整体爆发力，从而最大限度地调动全身骨骼杠杆之关节合力，来打击对方。这种打击力又不能像普通的导弹发射那样，射到、射不到是一锤子买卖。而是类似最科学的卫星光电制导，边射边调，一旦要打，横竖也要击中、击重、击毁。当然，这是拳意高阶段的力量武器。所以，不同的练功阶段，不同的发力水平，决定采用怎样的备势。下面就初学阶段的需要进行技击备势训练。

技击备势

（一）技击势

以技击桩起势，先要估量好对方备势间架及站位角度，再依此展开自己的备势。双脚分前后，间距一至两尺，取丁八步，全身重心配比为前三后七或前四后六。要兼顾步稳与步灵的关系，适当掌握。无论前后，两脚都不可过于沉实，基本以脚掌承力，只是不必像拳击所要求的主要用前脚掌着地面，脚后跟掂起很高。足腕要保持很好的弹性反应。双膝略带弯度而又要互分互顶的感觉。胯要夹收臀要稳，要留意膝、腿、胯对裆部的掩护作用。腰要略塌并挺持以轴转轮的活劲，小腹常圆以使呼吸实而匀，胸微含更应随时调平中气，背要圆拔，肩开肘撑。两臂环抱腋下勿空勿夹，大臂小臂曲折钝角，手腕习扣，拳心向下似卷饼，前手不过前脚尖，后手距鼻一掌远，前手虎口对鼻尖对前脚尖呈锋线逼指对方中心线。两手水平位置高不过眉，低不逾肩。头部随势略向前斜倾，保持虚灵挺拔，颏微收似放置一小球，舌微缩、口微咧、后齿微扣错。以上是外在形态的基本要领。

技击桩

1. 目光：初练技击者对目光的掌握也应下一定功夫，对峙中，切忌死死盯着对方的拳或脚。应以目光之四成瞄其眼神，判断企图，其余的注意力主要罩在其中心线，有人主要以脚划中，有人主要以胸腹划中。当然，对手拳脚的变化也就尽含其中了。目光要自然而犀利，勿使怒目圆瞪，反致自己僵紧而气上浮。

2. 呼吸：练功多以鼻吸口呼，细静深长，而应敌时因精神高度兴奋紧张，所以初习技击者常会感到胸憋气促，稍为拼打便上气不接下气，由此而致使严重供氧不足，全部技术及精神都会失态。万勿忽视进气出气功夫，许多民间拳师与专业散打队员交流，这个关就会折大将。

呼吸属综合功夫，主要靠平日的得法训练，但具体到技击对抗，也有几点要领：一是临对抗前不可过饥过饱，更不要吃喝容易产生气体的食物、饮料；二是临战前除正常热身，还可拉长声音，做试声练习；三是以口鼻并用随时稳住中气；四是减少大口呼吸以防加速干渴造成失态；五是发力于对方或被其击中躯干，必以试声配合调整；六是万一遭对方向自己胃、肝、肋间的重击，也会造成呼吸困难，此刻要一边控制间架距离，一边先排出余气并用掌搓振重击部位，然后迅速做深腹呼吸。

3. 握拳：初练技击者，握拳的毛病有二：过紧或者过松。无论握拳过紧过松都直接影响到全身的松紧状况。我们要求在握拳时，以站桩、试力中手的满、撑、弹状态始，拇指扣向四指收，像卷紧糖稀饼一样既握不紧，又展不开，注意手腕的及时扣缩。通常的拳力正确触点，角度也应认真领会，如不得法，难以将全身之力灌注于敌，又易自伤指、腕关节，而痛失战斗能力。拳，这里专指五指并拢握紧的手。

拳的基本位置名称：①拳锋；②拳背；③拳面；④拳棱；⑤拳端；

⑥拳眼；⑦拳心；⑧拳根。在击打目标时，将根据不同的部位、角度采用不同的拳型。但不管采用什么拳型，都应使拳面与小臂背面保持平行。

掌指，无论推手、断手还是竞技散打，掌的应用变化都可称是中国拳的特色之一。掌较之拳更灵变自如，扬则为掌，可砍、削、劈、剁、挑、插、踏，并则为指，亦可戳、刺，掌也是站桩力的主要手型，其要领为：掌心微吸似可吮提巨球，拇指与小指分撑如钩如挂，五指微屈而内收，指甲如猛兽利爪似暗以伸缩，使指如透电骨生锋棱。

掌的位置名称：①掌背；②掌心；③掌端；④掌根；⑤掌底；⑥掌锋。运掌的要领与拳相近，但其攻守若一更为鲜明。

4. 拳法。拳法的应用在各种攻守术中首当其中。说是打拳、挥拳，其实不仅是指人体上肢的变化。拳意讲的是以身为拳，所以，切不可一操拳相向便就拳论拳。原子弹再厉害，离开运载，导航各系统的操纵，也不过是个死弹头。我们练习拳法仍是在试力状态下的专项发力操练。

凡是未经专门技击训练的人，打拳挥掌多会预先向后拉开很大的距离，不打拳的手也很少能保护自己。这样，不仅预先通知了对方会造成打击落空，更有可能遭人迎头痛击。即便是瞎猫碰死耗子碰上两拳，也往往雷声大雨点小，没多大效果。而训练有素的技击家，不仅拳如有眼，一击必杀，更是抬手完事，一点都不麻烦。现在我们知道了，发拳不过是一种专门的形式，其实质是发力，而且是适应各种情况的发力。发拳，从基本间架出手，直到着实触接对方中的所在所及的某一点，只要没发上力，就不应算为发拳，道理很简单，力还没发到对方身上去。发的力量尽在自己身上，或者是发也没充分发到对手身上。从力学角度讲，力的三要素是“大小、方向、作用点”，打拳发力若没捞着作用点，这个过程就没完成，就不能成立。拳谚“着力点对即成功”，一语中的。所以，尽管也伸臂挥掌，但那还是在找，在凑，在促成那些成功的条件。兵法曰：“胜可知而不可为。”外面的条件，对手的条件，许多不听你的，只能先努力把自己的各方面条件备齐，备扎实。哲语：“机会只给有准备者。”拳意强调：“己身皆具备、反向身外求。”这就很透彻地讲明了发拳与发力的关系，出手不等于发拳。

当然，以上讲的是武术高级阶段的发拳，而我们就应当明确这个方向，在发拳的练习中，首先练得出手轻捷，着点准确，周身协调，转换自如。这就是拳法的要诀。所以，练拳法还是练试力和被诱发力的练习，在适当调整拳型与步法的同时，要逐渐体认动静之间的转换分寸。动时勿失静中之均整，静时勿减动之中机变。

5. 冲拳。这是技击最多采用，力向前冲的正面直攻头部和胸部的拳法。力为直冲而肘臂拳却始终保持适度的曲折，这叫“形曲力直”。有人认为发拳在任何情况下都不能完全伸直。不一定。只要是关节保持弹性，重心稳固，形不破体，力不出尖，不影响整体协调灵变，有了机会照样打，一寸长一寸强。适时发几记迅捷长伸的飞镖式冷拳，对整个战局也是有益的。

武术之谓的冲拳，有别于掖拳收臂于腰间长冲伸展之冲拳，也不同于拳击应用的远距离突击的直拳和刺拳。依照意拳 “守中用中”的原则，以《老子》中“道中而用之或不盈，渊兮似万物之宗。挫其锐，解其纷，和其光同其尘”来注释，似更为妥贴。冲拳之冲，按《老子》此章意释，应指冲与谦的融合。这种谦冲就是专指用中而不执一端。古之道，玄妙尽在谦冲不已，冲而不盈，其用无方，生生不已。从字意来看：一、冲可解释为机械性往复运动，拳自起点水平直线发出，又沿原轨迹返回始点。从这一点来讲，冲拳最易于按近目标，又最易于保持攻防备势；二、冲又可理解为临近终点目标时的全力冲刺；三、冲又表现为神经激奋的突发；四、冲还明显包含撞击和突破的作用；五、冲是作用力和作用力时间的乘积所表现的势能。所以，于古于今，于西于中，于形于意，冲拳都是中国拳术中最典型、最具威力之拳。

冲拳

第一单元练习：以技击备势盯准目标，前拳微卷收，似牵握一绳索直联前方目标，并通过滑轮将另一端引至后手握持。冲拳的顺步送拳，初习时，一定要先以后手慢慢地，呈水平状向后外依身体轴心做弧度划拉。前拳因后手牵绳而被动地伸出，此时身体也按轴心转动，腰随背转，膝胯足都相应扭动。在意感中，拳肘臂似与身体若即若离而由前方绳索导向。身体转摆通过肩部前使推臂拳稳稳送向目标。前拳水平高度约在口鼻之间，后手则由原先离前手一拳之距，由鼻中方向划过眉端一拳而停在距这一侧身边一拳的位置。开始练出拳一定要慢，要保持试力与蓄力的状态，身体要中平周正，头要略前倾，颏微收，鼻尖、手尖、脚尖要一致，各关节要充满弹性。足下以前脚掌顺后手掌绳的方向轻轻向下捻，但脚型位置基本不动。反复以送拳试力检验身体之中轴的位置和作用是否得当，全身的细微动作是否协调。拳动之动力与阻力的关系是否清楚，两臂及胸的间架撑抱是否饱满。

第二单元练习：送拳比较协调之后，可以加快后手牵绳的速度并加大划弧线幅度，这时除前面的基本要领外，还要注意：一、牵动导致双手动作要轻快舒展；二、牵绳的起动要在稳实之中求突然；三、只要牵动的要领做完，尽快放松，恢复原势；四、适当调节牵绳送拳的速度与节奏，随时检验全身各部位的状态。

第三单元练习：发拳练习。待我们的送拳基本掌握，才可以开始发拳。仍以技击备势盯准目标，先体验几下牵绳送拳的试力蓄力，使身体各部位产生弹性反应，精神专注振奋，前拳仍握牢绳端，前方目标假设为一块有弹簧支撑的灼热红铁，以后手牵绳使前拳迅速顶撞红铁，在手接触目标的瞬间，后手要在已绷紧绳索的感觉上，再猛抖向后的发力。这时的前拳由静止而突然向前冲撞，又立刻因灼烫和弹簧的反作用力弹缩至原来备势的位置。在这一刻间，两手臂由撑抱而撕争，后足猛蹬，前足猛地向下钻拧，前膝与后胯形成前顶后挣，头部同时向前磕撞，颈部随拧，目光要瞄准目标，下颏速夹，后齿扣错如断铁。要及时把握小臂、拳型的控制和腕部的习扣，在瞬间的钻拧，发拳一定要有力的脱身脱手之感，要有反作用力的相撞感和一触即发的意外感，一发即止的轻松感，即可再发的跃试感。

第四单元练习：拗步冲拳，也是顺步交叉拳。是前后交叉，左右连发的攻击。在拳击等训练中，前手多用以寻机刺探，干扰，由后手施发重拳。而武术的备势间架就要求左右均宜，所以发拳亦不应存前手轻后手重，顺步轻拗步重的区别怎么转都要整体发力。通常在顺步发后拳时，身体的中心容易前倾。美国著名拳击手霍利菲尔德在向里迪克·鲍挑战拳王赛之前的训练重点之一，就是改进行进中发后拳重心前倾问题，可见其重要性。

拗步冲拳，关键是以中心为轴，在身体中正的状态下转体发拳。与顺步发拳相反，这里要先以前手握紧绳索一端，然后顺侧向后向外依身体轴心做弧线牵拉，后手因前手牵绳而被动伸出。此时，前手转为后手，后手转为前手，腰随背转，膝、胯、足亦相应扭转，身体依轴心为基转摆，由肩推动后手发向目标。前手随头部扭动按半撑抱间架划过顺侧眉际、鼻尖、前脚尖、后手（现已转为前手）尖上下一线，对准目标。这种前后交叉，左右连发的拳法完全是以身体依轴而转的结果。拳谚“腰似车轮脚似钻，拳似流星眼似电”，即是指此而言。只有这样，才能随时保持间架宜攻宜守，才能保持平衡立于不败之地。掌握了身体的平衡与间架，周身浑元力均整，无处不弹簧，此时全身如万箭跃跃于弦，无论前后手、上下方，一触即发。正因为是这种原理的发力，无论拳发还是脚起，都不应当是肉包打狗似地孤注一掷。出拳应当周身激扬鼓荡，弹簧伸缩不已，连绵不断，随时随机都会产生强大的打击力。

第五单元的冲拳练习：在前四单元练习的基础上，加强身外之敌的感应。具体练习以技击备势引拳待发，假借前面三尺之外，有一身高体重都略优于自己的敌手相对，随时都会逼打过来，把握与假借之敌相斗的几个环节的距离与角度；要兼顾敌之上拳下脚；要兼顾己攻彼变与彼攻己迎；要掌握逼打、周旋等各种节奏；每个练习三五分钟则可；与前四单元练习穿插进行。

第六单元的练习：上步冲拳。在各种格斗拳中，上步发拳都会被列为基本内容。初练技击者比较头痛的情况之一，就是对方以静对动，严阵以待，随时准备利用你先动的时机后发制人。据说在西班牙向最优秀的斗牛士请教什么样的牛最难斗，他会毫不犹豫地告诉你："在场内盯着你一动也不动的牛。"即使是身经百战的斗牛士，一旦遇上这种牛，必是凶多吉少。对付这种阵势的练习应当是技击的重要课程，拳谚："借法容易上法难，仍以上法最为先。"上步冲拳就是上法中最典型的攻击。

上步冲拳，关键是上步。采用什么样的基本步法？我们在前面的摩擦步中做过直行寸步的练习，现在与拳法结合运用。拳谚："寸步撵死人。"可见步步为营与落地即发的整体威力。寸步一般指半步的移动，练习时要随时保持备势间架，以全身为弓拳为弹，蓄以待发，盯准五尺外假借之敌。以承重腿之夹缩胯展伸而使足蹬腿催，全身如弓绷起向前欲发之状。前脚轻抬借身体伸送之力自然进步，前脚落地如钉，使全身进步一钉即止。而催步引动全身之因，全在后手握绳牵拉，前手被引所致。在练习中，后手或牵或抖，前手或引或送，后胯或催或展，后脚或蹬或踩，前脚或擦或点。上步发拳也必须与前五个单元冲拳练习结合，多松少紧，多慢少快，多寻少发。寸步发拳贵在似动非动然而已动之间，所以还要注意：一是表情坦然而精神集中，谓之"外示安仪，见之似好妇"；二是间架均稳，不可喧宾夺主；三是全身稳进，不起不伏；四是蓄力敛神，含机待发。

冲拳从形式上看，既简单又刻板，初学者是常常容易见异思迁，巴望多做些动作幅度大看着精彩的拳法。所以必须认真搞懂"形简意繁"就是形简力繁的道理，多从拳理和法则中体认这平常至极的、只迈半步不伸直的发拳。

（二）钻拳

钻拳

钻拳也称上冲拳，是自下而上攻击对方下腹、胃部、两肋、胸部和头部的拳法。

在技击对抗中，很多对手都常常采用降低重心的方法闪开攻击，并创造反击的机会。对手的间架一般是针对冲拳正面胸以上攻击的，钻拳便是上下交替打乱对方阵线的适用拳法。钻拳，顾名思义，就包了旋、拧、钻、裹诸多力的合成，参与其间的不仅是拳，连腕、肩，肘也都要发挥作用。钻拳不同于拳击的上勾拳，只允许用拳锋攻击目标，主要是由下向上呈弧线的兜打，而且常会因加重力量使身体重心上升。钻拳的攻击轨迹是由下向上斜直冲拳，冲击的过程中要以小臂近180度的转拧来破坏对方的格挡，更重要的是，钻拳的发出只是发拳的一半内容，不仅手臂被拦截后触点即可发力，其抽手的过程仍要继续撕挂对手的防守间架，进而动摇其重心，甚至可能在回抽时得机发力使对方向前跌扑。拳谚“起是钻，落是翻，起手如钢锉，回手似钩杆”，形象地概括了中国拳法变化中攻即守、守亦攻的典型特色。

第一单元：钻拳的送拳练习，以技击备势，盯准前方目标，身体重心较冲拳的身架垂直降低半头高度，双脚间距约两尺。前手似握持绳索一端，由备势时前手平肩的高度调到近腰腹的位置，绳掌所系滑轮约于对手头顶上方正中，因绳索长度不变，前手降低的同时后手要相应升高，前伸由平肩提至眉端上方。后手似握紧绳端由上向下向后依身体轴心牵拉，无论前手后手位置，或上下或前后怎样变，两肘始终要保持横撑竖裹的间架。在前手拧转向前向上送拳的同时，后手依相反方向撑抱相争，不论前后拳如何变化，必有一只手置于自己中线近胸的防护位置，并随时相机而出。

第二单元：拗步钻拳，亦是左右连发，前后交叉的攻击。这里的关键同样是以身体依轴心的摆甩，双肘保持开撑，手控制好角度与距离，由弹胯、蹬腿、抖肩的瞬间配合而发。前手钻上去，后手就同时挂回来，交替而出，出入进退都是攻。初习时多体验全身依拧甩发拳，好像用手搓转儿童玩的一种拨浪鼓的感觉。

第三单元：钻拳发拳练习，以技击备势，盯准目标，先做数下拳绳假借的练习，再利用身体转甩之力很放松地做交叉钻拳，待周身关节有一定弹性反应，间架亦感充实，可在三五下较放松的出拳之间冷不丁地突发一两下威力较大的钻拳。这时有几处要点：一是拳的落点感觉要清楚，远近分明；二是后手的抖拉要突然；三是重心不要高起高窜甚至前扑；四是要有蹬腿催胯，撞肘崩发的效果；五是一发即止，干净利落。

第四单元： 混合练习，认真对照冲拳六个单元的要求，将钻拳与冲拳结合穿插进行练习，发拳率可六成冲拳，四成钻拳，仍要以慢为主，以松为主，边发拳边自己检验各项要领。可分五组练习，每组做两分钟，第一组练习侧重试力感，均整感，第二组侧重发拳连带顺畅，第三组侧重发拳突然性，第四组综合体验，第五组是侧重周身协调轻灵。这五组练习可间隔数分钟，亦可一气呵成，视情况而定。

（三）栽拳

栽拳之一

栽拳之二

栽拳又叫栽捶或俯冲拳，是由斜上方向下以对方头、颈、胸、背、腰、腹为目标为攻击拳法。栽拳与拳击的下勾拳、抛拳、摆拳和有些拳法中盖拳抡打有所区别。这也是由我们的力量武器——发力方法所决定的。

任何发拳都要求备势间架预兆小，起动突然，所以有人对栽捶扬臂提肘的动作不解，感到露空过大，容易遭人突破。前边我们讲述，因发力方法不同，其扬臂探手还属寻机和控制过程，并不是拉开架子绷足了力气，所以随时可变可化可发。在冲拳和钻拳的应用中，对方主要针对正前方与下方，而我们在发拳遭阻时，必然会下意识地做出推手搭手中钻、拧、钩、提、挑、裹、滚等触点上的旨在控制和破坏对方重心的变化。作为对方，在顾及正面前方与下方的攻守时，其两臂的斜上方都会不同程度地失疏于“空防”，这时是以空袭式俯冲拳攻击的良机。由于发拳是“以身为拳”，身则以轴为基，所以栽拳形似大动，而轴心处不过微旋而已，这就形成了稳固灵活，又势沉力重的效果。

第一单元：顺步栽拳的送拳练习。以技击备势，将准备打击的目标定在二尺左右胸腹的中心点。后手在间架撑抱的位置升在眉际以上，似握紧绳索一端，通过滑轮使系于另一端的前手肘部，后手由上向下拉到齐肩近胸的位置。前肘随即被从原来的斜向下方，引至斜向上方面前拳的位置点基本不变。这时要加强前拳十分沉重的意感，然后将后手猛然松开，使肘高拳低的小臂像自滑梯冲下来，前拳的自然冲落有如被俯冲飞机抛出的炸弹。做送拳练习中，要注意几点：一是拳的落点轨线要由上方斜冲滑下；二是拳击目标始终居对方中心线；三是在放送俯冲拳的同时，要保持身体轴心之中正；四是后手随时保护自己的中心；五要以膝、胯、肩与送拳相配合；六是前拳落砸到目标后立刻弹回，迅速恢复技击间架。

第二单元：拗步交叉栽拳。以技击备势，盯准前方稍下的目标。注意调整身体中轴与周身关节的灵活、协调。先以前肘轻松提到齐耳高度，形成前臂斜指欲冲下的势态，随之将前手侧的胸胯向后沿身体轴心水平拧转一拳距，后胸、肩、胯则相应向前转同距。

这时，以后手握紧绳索，轮应固定在前方三尺处胸腹中心。另一端系由前手握牢。先用后手试绳索，经滑轮使前拳轻快地俯冲向目标，目标似有弹簧，一撞即回。相反，由前手拉，后拳俯冲而下，拗步栽拳中原在后侧的肩胸依身体轴心转拧于前，催撞肘臂使拳俯冲而下。可两拳一组，多次重复练习。

第三单元：栽拳的发拳练习。仍以技击备势，盯准前面对手胸腹中线，后手随肩，胯的水平转动向前手位置似握绳端。前手相应使肘提臂斜而置约鼻尖高度，亦似握绳另一端，目标仍为前面斜下方垫有弹簧的火红铁块。此时，头部略向欲发拳一侧拧转，身体微呈反张状态，两胯暗缩，两膝随着反拧，两脚跟微提。后手突然依轴心向内划拉，身体反张猛地弹回，膝、胯、脚同时扭蹬，胸肩亦同步转摆。待发之拳，前有绳索速引，后有身体绷撞，迅猛俯冲，砰然砸向弹簧之上的红铁。一俟击中，又须周身速紧，飞车立刹，大有力透敌背之感。整体反弹恢复备势。前手后手相换引发绳索，双拳交臂发出。练习中仍以松柔协调为主，多找调整，不舒适得力不轻易发拳。

栽拳的应用，一般较冲拳、钻拳有一定动作幅度。所以，要留心把握头部的位置，在任何时候都力求中正适当，以保证在技击对抗中始终主导全身的平衡。拳谚“低头又猫腰，终究艺不高”，就是说头斜身俯偏离中轴，势必使身体偏倚失当，结果是既延误发力时机，又大大降低了发力的质量，更易为敌所乘。在综合格斗中，半搭半断半控半拆更利于栽拳。

栽拳在技击应用中，常伴随迅疾的闪身发拳，要求是头部一闪便使对方失去攻击目标，而这一闪的同时就已完成了栽拳的俯冲攻击。初练栽拳时，头部还应正，不做偏动。待周身感觉得力后，再试以头晃身闪又不失中正的发拳，掌握这些要领，无论是动步闪身还是搭手变化：“头正则四体百骸无不为其所用。”周身关节骨骼由首尾之争力而形成互争合力，犹如钢钎横系于钢缆，缆绳一绷紧抒转，钢钎则刚柔合于一体，威力大增。

（二）叩拳

以拳扣门状而名，是在游移中伺机突发针对敌之口、鼻、两肋及攻防之手足的冷刁拳法。在与不同水平、不同风格拳手的交流中，除了前面练习，冲拳、钻拳、栽拳这几种最常用的重创发力拳法外，时常可以用动作更隐蔽，发力但独具突袭效果拳。扣拳，其拳型为拇指并挤四侧。以四指中节之锋棱为击点，依身体振动与荡臂抖扣手腕发。一旦对方眼鼻两肋往往会使其失一着而负全盘，而对其攻防间架的手足袭击，亦可伤其筋骨挫其锐气，此拳似属局部打法。然相搏之中，“只有当不当，没有对不对”。大的机会不可失，小的机会亦可不拒。而且充分及时地抓住并利用小机会，很可能就是创造了大机会。因此，如鞭拳等拳法一样，要视对手的情况与冲拳、钻拳、栽拳配合“奇正相生”，以更加自如地“制人而不制于人”。

扣拳练习，以技击备势，盯准前方齐眉高度目标。双手略高于口鼻，身体自腰部略向后反张，颈部较备势向后枕靠一拳距，但下颏收含，头仍向前倾。欲发拳的手臂随身体相应后拉一拳距，手腕系牢绳端，另一手似拉绳索另一端。设想目标处滑轮前横置指头粗细弹性钢筋。引发之手猛拉绳索，发拳手臂迅速前冲突然被钢筋拦住手腕，假设手腕及全身急停，而拳头却如弹头般脱腕而出，穿透对方面门飞去。一俟拳发，全身迅速恢复备势。练习可依前面已练拳法的单元练习要领进行的要点：“一突闪，二准确，三疾速，四刁巧。”

（三）鞭拳

以发拳似反手抖鞭而名，是拳法中由身体轴心向外发出的。拳多从中线出或由外侧向对方中线冲发，所以采用鞭拳亦有突发奇想的效果。鞭拳又是以肘为发力点，距身体轴心近，力距更短，不仅发拳突然，且攻击力强大，故拳谚素有“反鞭打死牛”之说。

鞭拳练习，以技击备势，相准前方目标。前肘保持原先位置，力向前指而小臂向内向下斜垂，拳持半握状，拳心约对腰带中间，肩部放松。而后手要尽量前伸到原来前手防护位置，约眉际处。假设握绳端，另一端系于前手腕下，注意找准以全身轴收为基的各关节部位的协调。后手自上向下向内猛拉绳索，前手臂似鞭以肩身为鞭杆弹甩向前，又如小臂中端被钢筋拦阻急停而抖腕翻拳，以拳背抽击目标。应用施发既可正面翻上甩下，又可上撩下抽，但要避免抡摆时前臂横面接击对方拦挡肘尖，造成断骨自残。

鞭拳的攻击范围广及头、胸、肋、腹、裆，尤其在冲拳、钻拳的正路组合拳法中突然闪变施发，手臂柔韧如鞭，全身似鞭杆抖发，独具威力。在站立格斗比赛中，常用于配合腿法发挥转身鞭锤。

二、拳法辅助训练

1. 荡臂

平步桩势，双臂自然松垂，且光平视，找准身体由头顶而下的轴心为基。先自一侧足踩腿蹬，膝胯催拧，经腰、胸、肩摆，致使另一侧相应部位逆向依身轴转摆，逐渐由身体摆动带动两条手臂，可假设手部如铅铸，而自肩以下至肘部则好像是柔韧的软绳，肘部、手掌指又好像钢条一般，现在要利用身体轴线的左右摆动，利用手臂松垂惯性逐渐荡起。

几个要领：

一是身体不应上下窜动起伏；

二是身体轴线垂直，不要偏离摇摆；

三是尽量利用手臂悠荡的惯性，努力减少肩臂局部用力，像抬举东西一样就不对了；

四是以鼻尖为中对准前方眉眼上方一个点为目标，荡起的掌指交替刺点这一目标（当然是假借的目标），肘部尽量不要弯折，手臂荡起要防止东一下西一下，高一下低一下。

五是要逐渐掌握全身关节的弹性配合，最终达到周身一抖、手似飞弹。

2. 环臂

平步桩势端立，在前面做荡臂的基础上发展环臂练习。环臂练习要领与荡臂相近，待荡臂运用身体弹力，轴线清楚，肩部放松协调，基本掌握惯性特点，就可以开始环臂练习了。

练习起势，在双臂同时荡开，分指前后中线时，双肩一松，使双臂迅速落摆下去，以增加双臂再次上摆的惯力。以加大了摆动力促使这一交叉手臂荡起后，高高交替环接于头顶轴线交点处，有些像仰泳的挥臂划水，但不同的是双臂一反一正。

几个要领：

一是双肩背要交替甩开，不应局限肩臂；

二是环臂荡动时，双臂划动的开面要与肩宽相近，不应横向抡摆；

三是要尽量伸展、动作大方。

这里讲得荡臂、环臂练习与一般的开肩训练不同，它是科学的以身为拳发力原则的基础练习，是漂亮、有力、潇洒的拳法的必备条件。

3. 划臂

以技击桩势丁八步立稳，先做水中揉球的试力，待动作感觉基本得力后，做一次顺步揉球将掌势略加探扬，然后顺势将后手转为前手，拗步探臂扬掌，好象划水一样步型不变、双掌双臂交替由胸前划向三尖所指的那一点。

几个要领：

一是要注意前后交替出手的桩势内涵；

二是划臂时肘部要撑张，腕部要活弹；

三是双掌轮流划指齐眉高度时，前手由口鼻直出，后手自口鼻而划眉上方撑挂，前呼后应，左盼右顾；

四是肩与胯、肘与膝交替摇摆，平行相称整体相催，身体切忌高低起伏；

五是以鼻为准，始终三尖相对；

六是划臂水感，球感要饱满充实。

4. 抖臂

以平步桩端立，双臂自然松垂，运用身体的轴向拧动使放松的手臂抖甩开来，双手甩起的高度和方向不必刻意限制。

几个要领：

一是先抖起双臂则可，一定是由身体突然性抖动而使得手臂振弹荡开，不能做局部的抡臂、挥臂；

二是身体的抖动节奏要稳缓相合，与手臂的惯性摆荡相呼应；

三是要注意身体轴线垂中，从外形看，双肩甩摆是水平的，不能一高一低；

四是双臂甩摆的幅度要逐渐扩展，待肩部关节感觉随顺之后，再加大抖身的烈度和手臂大幅度的摆荡；

五是待抖臂要领基本掌握后，可以将双手定位在不同的点上，然后突然抖身甩臂。

5. 落臂

步桩立稳，双臂抬起，略高于头部，由头部中前口鼻为轨线，一手下扎俯冲落下，利用落下后反弹自然恢复原式，另一手再沿同一轨线冲落。

几个要领：

一是尽量使手臂依靠臂体自重而自然冲落下去，不要局部加力；

二是落冲掉下去，要注意内在的因果联系；

三是待落臂冲程基本一气呵成了，开始以一手在下方接落臂，接者为掌、落臂为拳，在拳掌碰撞的瞬间扣紧。

6. 切臂（大劈掌）

劈掌

以技击桩丁八步端立，备好拉簧钩锉试力间架。前掌直伸，后掌于头顶高扬，前臂运掌拟为长刃徐徐落豆腐之下，刃落两开，随前掌切落，后掌挑挂高撩。前掌沿三尖一线落于脐间为度，然后转由下向原轨线挑挂而上返，后掌则彼出此进依拟感的原切缝徐徐落下去，交替而为。

几个要领：

一是注意双臂轮切时，身体重心前三后七的配比不要变；

二是不要高低起伏；

三是双肩、双膝平行随臂起臂落，依身心轴线拧转，头部以鼻为准对正掌动轨线；

四是切臂、劈掌的感觉应在指掌及臂肘，双腕起落中刁活有度；

五是落臂、挑掌均要有矛盾感，遇障则变或顿或提，不要单纯机械而动。

7. 神龙戏水

神龙戏水之一

神龙戏水之二

以平步桩立稳，身体重心略低，双手扶按拟抓扣双球于水中。一手裹肘，掌心由胸前向外向上托挂、五指开撑，另一手随即转腕变掌，掌由由内转使掌心向上，掌锋向内中斜削而下，似由对手颈部斜削至腰间另一侧。后动之掌同时由掌心向上转拔自脐间划径口眉至头部同侧尺余处。双掌交替撩抹削挂，双臂轮流搅舞，有如龙戏双球于波涛之中，故神龙戏水又称狮子耍球。 此技法攻守化一，左顾右盼，收放兼宜、连贯流畅，是典型的中国技击功法之一。

几点要领：

一是间架要饱满、盈实，楚楚骨锋时时逼人；

二是双掌起落幅差约三尺，而双肘落差却不过尺许，可谓肘不离肋；

三是削落之掌，掌心向上，而肘锋必须横向外指，切忌夹肘拐肘；

四是勿忘守中用中之原则，双掌此逼彼顾、此起彼伏、此呼彼应；

五是身正轴灵，周身关节充满矛盾感、弹簧感，不能是简单的东一榔头西一棒子，一定要认真体验和把握双臂、双掌、双肘的协调一致；

六是不要误以为削掌是攻击，托掌是防守，要意识到点点处处皆控制，动则为争、争则为控、控则为胜；

七是待双臂戏舞圆顺、周身协调，可逐渐结合抖臂练习，使削掌轮抖甩抽、轻疾如鞭，绷挑似蛇簧，快捷而动三五则可，急缓相宜，多缓少疾；

八是要由形会意，弄球戏水，力在内外之交，力在水天之间，情趣使然，气势使然。

8. 云海降龙（云龙搅海）

以平步桩立稳，双臂环抱于胸前，虎口相对，掌心向外，五指分张。一手立掌向前向上外探，一手向前送肘，掌吸提内和扣钻插于另一手肩腋处。送肘之手扣腕拧钻由肩擦滑经胸腹处，虎口挤贴中脘、食指探指于脐间，掌心向外肘锋前指，然后拧腕转掌斜插顺手一侧胯根，探掌之手相应封逼中线，目光前视。贴胯之掌以腕抵胯，肘尖仍尽量前裹，掌指崩离胯位向后向上方钻拧，目光转由前方向钻掌随视，待钻掖之掌由胯升至腰际，前手由探掌回扣对侧肩腋处，肘尖外撑。

待钻掌由斜后上方将要直臂时，掌心由向后上方转拧为向前方，目光随即亦转视前方，扣腕掖掌则重复钻掌则做完的动作。双臂如盘龙入海，高低交错而腾跃不已。

① ②
③

① 云海降龙之一
② 云海降龙之二
③ 云海降龙之三

此技法亦为中国技击典型功法，钻、裹、拧、扣、缠、提、钩、锉，是散打、断手、推手、擒拿、摔跤等对抗技法中均宜得手的基础功法，其精妙机巧，唯中华武技独执牛耳。

几点要领：

一是注意双手上飞下舞，并非手臂独为，双手前呼后应，左抒右盘，都要由周身旋拧而动；

二是降龙通体的把控应合，所谓常山之蛇、首尾相策；

三是要尽量把拧腕、转掌、裹臂、开肩、立肘的幅度做到家，初习者肯定感到动作十分别扭，难以协调，操练中往往不易放松，处处叫着劲儿，顾此失彼，一定要耐心地从分解单式逐步做起，可以动动停

停、反反复复，初做组合技法，可先侧重扣腕，草草再做其他，然后再侧重掖掌……如此类推，循序渐进；

四是上下左右运掌过程中要时时处处应感而变，这个变是内在警危之变，无须外显顿挫；

五是注意随时的转换要清晰、有度，手不空出，意不空回，不要草草行事。

10. 神龟出水

技击桩丁八步，双手似揉球试力扶按状；松腰圆胸开肩，双手间架尽量定位不移，头部领身向后手外侧靠潜，似以手控浮球，身居水中，头伏于球下水中，然后似于水上潜移，缓缓于前手外侧将头探

◀ 从左至右
神龟出水之一
神龟出水之二
神龟出水之三

出水面，恢复原式。神龟出水，重在定心身法，妙在重心游移而双臂应变无碍，仍保持六面力变化能力。仔细看迈克·泰森的移身闪击技法，并不像通常拳手们那样双拳随头部一起下潜闪动；泰森闪身有如撞簧，而双拳间架竟很好地控制着对手的攻击面和中线，这就可以不间断地威胁对手不使攻守分离而给对方提供机会，这无疑是形式简洁不繁的高级技法，在诸多职业拳王中亦是少有的。此技法与神龙戏水、云龙搅海可共称中国武功三绝。由这三种功法延伸演化、神出鬼没、应变无穷。

几点要领：

一是双手严格定位，外人看上去双臂摆荡挥扬，可实际上却真正是粘着不移位；

二是掌、腕、臂、肘均很巧妙地定位定向，要随时保持控制感、应变感、指向感；

三是潜身时肩部要随让、摆脱、松活；

四是头部闪扯与双手刁控的精密联系感，不能稍加分解；

五是膝、胯、腰的相对定位，撑顶、掖收和伸展要有机协调；

六是左中右、上中下、前中后、缓中险的调控；

七是注意可否随时调步，周身关节均要有弹性感、矛盾感；

八是游身控球动作要匀稳，勿一抽一拌。

11. 定心磨手

以平步桩立稳，双掌环撑，虎口相对，掌心向前，掌面竖张，肘横臂圆；双手高不过眉低不过肩，松紧适当；双手似推顶巨流催动的大

◀ 从左至右
平步定心之一
平步定心之二
平步定心之三

球，双臂间架控位不动，头领身法徐徐外移引球近身体原中心位置，似懈化球体冲挤的力量，头由内向外避开中线，让过球力后再回复中线原式。此功法仿佛双手推转石磨，属平行化闪彼方直逼中线的身法基本功，与神龟出水有异曲同工之妙通，亦可做为定心力身法的入门功法。

几点要领：

一是双手撑架的角度要圆满，封实；

二是双腕、双肩要有如轴轮、灵滑机变；

三是要注意头颈与双手变化的应衬感；

四是留意顶心、脊柱垂直的圆周轨迹规律，而双手相应不离触接位置，双掌若吸若推；

五是头顶、双手、双肩、双臂和胸背的圆周都是水平运动，不应高低起伏；

六是顺时针转摇与逆时针转动相配合，可以在运动轨线的任何一个点上由顺顿逆或由逆变顺，周身关节都应随之而变，双脚亦应随时相应移变。

12. 阴阳蛟手（上式）

以技击桩备势，双手虚握拳，有如互扯撕棉，双肘至手腕节段应具锋棱透侵外割之感；待双手撕裹外感有应，要使肘臂及腕拳感受胶着而难于局部开合，阻力重重这时再运用身法以双肩，双胯、双膝徐徐做交错的前后变化，三两下为一组，然后恢复备势。

因双臂钩、锉、推、拉、卷、拧、钻、挂，有如浪中双蛟阴阳翻旋，故可谓阴阳蛟龙手，此功法适于近体扭打格斗的控制与反控制，尤其是胸部以上的上三路较量更为顺手。

几点要领：

一是双拳高不过眉，低不过肩，双手之间不过单肩宽度，绞扯中双拳间距亦基本不变；

二是双拳备势时掌心相对，撕扯时总有一拳交替抒裹于鼻准眉间，掌心对鼻尖，距在尺许则可；

三是双肩的前后交错应以顶心轴线为基准，相互换位，每边肩头的前后幅度亦在尺许；

四是双手撕扯，要同时包含守中用中，更要恰当地随时应机转换，右先转左，后挤转前不能定位定速而动；

五是双手、双臂的相应一侧，均为蛟龙通体之身，手、腕、臂、肘、肩、胯、膝、足，都要应感摧弹、上下贯达；

六是无论双拳、双肘、双肩，双膝怎样交替于前、于后，身体重心都不得倾前超过五五的配比，双衬的力感要平均，不可偏执；

七是双臂交错时，拳根小指底端至腕关节要下可刁扣、上可翻搓，有如螳臂刀锉伸缩之举，手感粘中锯割。

13. 阴阳蛟手（下式）

以技击备势立稳，双拳前后间架找正位置，拳眼向上、拳心相对，拳位高度与腰平、肘横肩开、身体重心略低。

前拳变掌，由内外翻，拇指向外挂，掌心向上，后拳虚扣，提肘旋掀，肘部小臂外侧转向内钻挤。双手前为翻挂，后撕掀挑，互为互助，犹如一体；待左位动作周全，力感圆满，体会到双臂搏蛟龙的绞拧反作用力感时，随势随感应而转向，后为前，前为后，翻为掀挑，掀为翻转，可谓翻手为云，履手为雨，随风即变。

此功法是对手以双手威胁自己腰际，直接破坏自己重心时的针对性很强的基本措施技法基本功，尤其是推手中的“推小车”，扭打中的抱摔，都是下盘搅拧手可以反制应对。

几点要领：

一是双臂的着力点要清楚，尤其是模拟触接点的延续控制感，要随势调整，动作要适时到位，双臂一定要互为增补，不可疏漏。

二是要善于虚灵力活变应激力感。

三是手掌的翻挂，实际是由端架堵截入手定位，双手均可能在瞬间将双方双臂锁住，但绝不是单纯地反关节，而是封、锁、指、逼的整个过程。

四是在封架中必须反复揣摩封、顶，与变化翻挂的分寸。若不顶不封，对手长驱直入。如只是封顶，势必拼撞成一团。所谓阴阳蛟手，就是实虚相辅，直横互变。

五是一俟双手如擒执蛟龙时，双手力感已至尽责，或封或控，很容易呈胶着状态，此刻定要调动周身双重转至单重，全体关节亦互争而变，方可体验浪中腾蛟之感。

六适当调整步法，如撤后步辗前足定位轴线，配合全身搏蛟之势。

14. 分水势

以技击桩势，双手抱球于胸肩之际；前掌外翻、掌心向上，后手做送球推压状。后掌距前掌寸许；前掌托平向外向后以身体轴心为基划开半径，幅度大约尺许。水平分划至腕关节极限扭转之点，控制掌位高度不变，而将掌心向内向下拧转。腕部由姆指一侧的着力点转为小指一侧呈180度转移，但触点的变化转换要平稳均实，前掌向前方中线位复原，后掌附随前掌腕至肘部侧应，要兼顾守中用中原则。头部的定心力势反向偏闪，肩关节协调勿使僵紧。

几点要领：

一是双掌水平分划、双肩水平偏划、不可高低错落；

二是双掌呼应，游划相随，不可顾此而失彼，分水划掌时，腕、臂、肘位均应饱满受力感应，一收一回皆然；

三是前掌指向对方中线的过程，无论进退分掩，都是贯穿始终；

四是以身为轴，通体为轴，不得单臂兜摇。

三、腿法

在中国的传统技击功法中，腿法占有重要的位置。在诸多的武术拳种里，弹腿、戳脚等拳种就直接突出腿法练习。韩国的跆拳道、法国的踢腿术也是以腿法攻守为主的技击术。

在腿法应用和练习的问题上，包括意拳、形意、八卦等拳派中存在不同的理解。“十腿九凶”可谓之力道，“起腿半边空”可谓之技道；武技乃命之所系，一念之差，生死之差；武技之道，乃安危之道，技无轻重尊卑，有利则图，有害则避，事关生死荣辱。凡益胜制敌当无所不用其极，只要克敌，不受制于敌，莫说腿法，如果头上生出角，后边长出尾巴，也一定是要用以制敌的，何况遍体弹簧之说？

腿法的优势不言自明，首先是长，一寸长一寸强，腿较之于手臂长出近尺，拳脚相拼，短长自见。再为其强，腿部肌肉群粗大，腿部骨骼粗大，其绝对力量远高于手臂，俗称“胳臂拧不过大腿”，这是事实。更重要的是其隐蔽性强，偏离对手的平行视野，加之刁钻快捷的拳法干扰，受到这些因素的影响，对腿法攻击往往不易判断。腿攻一旦奏效，杀伤效果明显，可以重创对手，甚至置之于死地。

腿法的弊端也是明摆的：一是不如手臂灵活迅速，一秒钟可以连击四五拳，却只能连踢两三腿；二是打拳时双脚灵活配合，攻防自如，而我们施用腿攻时，只能靠另一条腿支撑和维持身体重心，尤其是腿攻的攻防过程长，动作幅度大，调整再变化相对困难。

讲了以上的利弊比较，是要求我们在掌握武术技击功法时善于扬长避短，充分调动全身所有部位，发挥潜在功能，真正锻练成智勇兼备的技击高手。

这个阶段的练习，应当着重于腿部试力，严格地讲，试力是整体功夫，“一动无不动，无微而不合”。在拳法练习中，我们强调“以身为拳”“拳拳服膺”，其实分解开来讲腿法，是同一个道理，其后再讲到肘、膝的练习和应用也是这样，只是为了表述而逐项分开教学。

腿法真正重要的是内容，是腿法形式之中的变化能力、频率、节奏，速度、力量和时机。如同种形式的腿击，两个拳手在练习中看起来差不多，而真正对抗较技就不同了。平常踢得飞快，遇到对手就不快了，不准了，不重了。这个关键就是我们在拳法原理中讲过的，意与力的关系，在于精密而有效的控制与反控制能力的水准。

腿法应用，不在于自己是否觉得又快又重又刁，也不在于人家看得感觉良好，认为如何如何。只在于对手在实战中的感受，他躲不及就是快，他受不了就是重，他防不住就是刁，既使外人看上去都说踢得并不快，也不显得多重也不算数，谁难受谁知道，这才叫客观标准。

所以，我们在腿法练习中要抓好这样几个阶段的训练：一是柔韧性、灵活性、协调性训练；二是基本力量和技法训练；三是侧重腿脚试力的感觉训练。下面就分这几个方面讲述。

1. 腿法基本的关节训练

关于腿法的柔度练法，有许多专著都反复讲述过，这里力求减少重复叙述。腿的柔度训练在中国京剧、舞蹈、体操、杂技等门类中都普遍进行着，都可以借鉴。就武术而言，现代竞技套路中长拳的腿部柔度训练与传统套路就有所不同；武术散打与套路竞赛项目的腿法又特点各异，跆拳道与泰国拳的腿法训练亦各具千秋。无论怎样的训练特色，腿部的柔度都是必须的。只要条件许可，应当下些功夫，练就漂亮的横竖叉、正踢、侧踢、里合外摆、旋踢等腿法。但是，漂亮归漂亮，得用归得用，腿脚灵便固然是腿法攻守的重要条件，却不是腿击功夫的全部。因此，我们要求提高腿部柔度水准，又不应仅满足于这个阶段的技艺。

腿法的技击要求是高频启动，精确判断，连续变化和高强力度，这是武术技击腿法的专项能力。而灵便柔韧的双腿便是精绝腿法的第一台阶。做为技击专项要求，可以在大家都了解熟知的练腿功法中抓住几个环节，再强调一下其实用性的特定标准。

（1）压腿、耗腿。

通常的练腿功也很讲究，一定要先跑跑步热热身，舒展一下关节和韧带，这才能开始压腿，压上劲之后还要保持一定的时间，这就是耗腿，耗够了功夫，腿筋拉开了，柔度就达到了。一般分正压腿、侧压腿、横压腿、后压腿，但真正掌握开胯的练家却未必很多，所以，做为压腿法练习的要点，应当多着意于开胯训练。

在一般意义上讲，腿筋拉开，关节灵活只是解决了腿部攻防动作的幅度，就是说能够以腿去踢到对手胸部或头部的高度，至于其准确时机的把握和重创的力度保障，则并不是一并都解决了。

与拳法一样，腿击的动源应当是身体，是承重腿与腰、腹、背肌群崩弹结合攻击腿的整全互挣之力的作用，更是以此着力点作用于攻击目标反作用力的高度合谐，这才是完美的腿法技击全过程。而在这个过程中，最关键的连结点是胯部，腿攻质量效率的高低，大抵在于此。

在常规压腿、耗腿的同时，要留意这么几点：待关节韧带基本适应一定幅度，以意感假借，注神于腿，仿佛在这个高度压开腿能再以这个定型动作再抬高数寸，觉得意力都做到了家就行，不必真的抬起腿来。初做可以慢慢体验，以效果为度，不用算时间和次数。

具体练习法按如下要求进行：除通常的压腿要领外，这里要求垫腿的部位应放置具较好弹性的物件，拳套、皮球、弹簧、枕头等均可。垫物的目的不是为了使脚舒服，而是为了给腿在压住后再感受起落的一点余地。

要在压腿过程中体认站桩，可假设悬高之腿如大树探伸出的枝杈，设想枝杈上有云中垂绳系吊，下有弹簧支撑，杈分枝，枝生叶，同样感受阳光雨露微风。主杆可摇撼枝杈，枝叶摇曳，枝杈随风而动，振及主杆之树根、树冠，细阅上一章节桩法详文，理法皆通。

压腿试力桩功，初练高度齐腰则可，待意感充实真切后，可以适当地使脚悬离支撑物片刻，悬离过程连续振摆腿脚的控制感，由悬起做一下至悬离做数下振摆。脚的外触感不能空、腿与全身的呼应不能断。

（2）溜腿（发音第四声）。

常规的溜腿是在一定的长度距离内来回踢正腿、侧腿、里合外摆，节奏和频率比较稳定的，用力单一，旨在溜活，使腿法灵活利索。这都可取，只是为了适应搏击特点，要适时增加以下内容：

一是加强踢腿的突然性和不规律性；

二是提高踢腿的连续性和阵发高频次数；

三是几种踢法的穿插组合；

四是放松舒展与拿型拿样溜腿相结合。

2. 腿击技法训练

中国武术技击腿法至少在数十种，在这里总结归纳较为实用的大路踢法。

（1）直蹬腿（穿堂脚）。

直蹬腿属直线攻击，其功效很近似冲拳（直拳），在技击实战中应用广泛。直蹬腿分前锋腿直蹬和后腿直蹬，攻击目标可自腹胯，胸头以至膝部。称其为直蹬腿，实际上包含着多种变化，如果对手门户不严，距离感不强，则提腿冲蹬。距离稍远的，脚指掌前端刺踢，腿可长伸探开一些，又谓穿心脚，此腿启动出速快，攻击线长，适于突袭，如对手变化调整不济，进入中距离攻击，可用脚跟蹬撞，加大杀伤。如对手以臂格架，提腿架防，则收胯分膝，足锋横内加强控踢。如对手先入为主，则转胯调膝后发制人加以阻截。

穿堂脚

在平时练习中，大致注意以下步骤。

一是保持技击备势，收胯提膝，尽量使脚置于攻击目标的水平线，形成瞄准寻机一扣即发的状态。提膝与收胯团身都要轻快，势态一够立刻就提起来。提膝时要善于把握重心平衡，不应做得又沉重又勉强。提膝毕竟不是最终目的，一提膝到位，就要能控能冲。

二是要开身展胯，头部与蹬出腿的发力、与承重腿的分挣要一气呵成。腿的蹬冲切忌一锤子买卖，虽然由提膝备蹬启动到蹬至目标不过零点零几秒，也还是不能指望一下到位，仍是不见兔子不撒鹰。从意感上讲，至少应具备这种反应，对手即使闪开攻击或是间架阻挡、抄捞自己也不会重心失控，并保持调控再威胁的架势。

三是要始终保持双手的照应，腿法攻击离不开双手攻防的策应配合，练腿时，双手不能闲在一旁看热闹，左右一拉，上下一扯，都可以创造机会。练习中要有对方的整体配合，这是虚拟中的进、退、攻、防、闪的对应。

（2）点踢。

点踢，属直线近距离的快踢。其特点是与步同功，擦地低快，十分隐蔽，是干扰对方攻防节奏和整体协调性的实效踢法，专踢脚腕。

点踢，在三角蛇形游步中相机而发，如不具备良好的步法基础，就难以施发点踢。另外，只要对方运步迟粘呆滞，临近自己运步轨线时间稍长一点，行步之余顺便就是一脚点踢。对方只要略一分神，就会在整体运行的格局上，暴露出被踢脚腕之外的各种弱点，为你的攻击战局创下胜机。

点踢，由于是在双方快速动步移位中突然袭击，加之发力疾猛刁狠，一旦撞准对方重心弱机至其失误，有可能一记点踢令敌立扑。

点踢，如穿鞋操作，戳剁对方足腕筋骨，可使剧痛。如赤足竞技，则以脚掌前端搓铲，也会造成较重伤害，挫其锐气，折其斗志，乱其机谋，可得夺气之功。

点踢，由于与步同功，动作小，发力短，所以对自己整体攻防动作不会造成明显干扰，踢上对方就会造麻烦，踢不上亦若无其事，无碍大局，何乐不为。

点踢，可结合蛇行步，趟泥步，三角步练习，这里只对点踢发力做叙述。

点踢的动作要领：

一是随着身体重心的游移，一俟确立承重腿，就立即要形成抽胯掖裆提膝，足腕兜泥欲行绷发的势态顶撞；

二是及时观察判断分析对手冲程、冲速、冲力的量化效果，因敌之势而为之；

三是要善于在三角游步中随时刹车定位，随时调稳重心，随时转向待发；

四是要手足兼顾、不动声色、上引下袭、下呼上合；

五是可以由定位点踢开始，逐步到上步点踢，撤步点踢、跳步点踢、闪身点踢。

点踢的发力要领：

一是可以利用摩擦步起落游移的惯性，相机顿住刹车发力，脚型要控制住，周身关节的弹簧振颤要贯达足尖，发力时，脚上要有兜泥甩抖冲飞的脱发感；

二是把握收放蓄发的整体内存，与对手形成为我所知所用的互动，否则运力空偏，不饱满，此时发力也是局部的，勉强的，断续的，达不到“力如火药，手（脚）如弹”的效果；

三是初练点踢发力时，可以适当加大小腿绷弹的抖甩，逐渐减小局部动作幅度，完善胯部催撞的配合；

四是空发力与踢桩、踢实心球结合，可以适度地踢墙、踢树，要注意穿适合的鞋，不要用猛力重踢，踢实物也是体验触硬物时周身意感，和前阶段要领掌握的程度。

（3）跺子脚（低踹腿）。

前边讲的腿法攻击是自己正对着对方，攻击的脚型与腿是直顺着完成的，踩脚则是将脚掌内扣、足刀外绷，以靠近足跟的位置去攻击对手膝盖以下，俗称迎面骨的位置。

踩踢，要以足刀外缘为斧刃，剁砍对手的腿胫骨，其效用也属杀伤，除腿胫骨也可以攻击对方膝部内侧、外侧弯折处。如抓准对方膝盖绷直承重的机会，一旦剁个正着，往往会造成致残后果。

踩踢，还有一个腿法应用的共同特点，就是脚尖与膝盖顶端和腿骨正锋面，必须始终在一条线上。腿的角度要旋扭调整，在以腿的提拧做防守而避开对方腿攻的瞬间，顺势形成踩踢势态，这种防反踩踢很有点顺手牵羊的味道。

踩踢，也可分高架位和低架位，高架位就是攻击时身体高度不变，腿的攻击长度不明显，多用于近中距离截击。低架位就是以承重腿弯至90度，身体成侧潜，将攻击腿尽量前伸，较常规长出尺余，适于远距离偷袭。低架位踩踢的弱点是身体起伏动作幅度较大，若不是对方出现明显疏漏是不能贸然使用的，一旦未得手也会给自己造成协调攻防的麻烦。

（4）拦门脚。

拦门脚亦属近距离阻截对方冲击或低腿攻的有效手段。

拦门脚也是宜于捡漏的机会腿法，与踩脚配合使用便是武术流派中北腿著名的鸳鸯连环脚（阴阳连环脚）。脚锋一反一正，一阴一阳，转换突然，有拐有挂，有防有攻，很接近推手在实战纠缠中的作用，对于步法较差，重心控制不稳，上下照应脱节的对手是很有效的破袭手段。

拦门脚的练习要领与剁子脚相近，可以借鉴操练。顺便提醒一下，低、短、小、快的诸般腿法，在练习中尽量不去正眼注视目标，要毫无预示征兆，又要准确多变。

（5）钩踢。

钩踢，顾名思义，就是脚掌绷成90度夹角呈钩状，以脚掌内侧与小腿腕部扣踢挂对方负重腿的根基。

钩踢，也是近距离游斗冲闪中的机会腿击法，由于钩踢旨在断根斩底，又注重在对手冲拳蹬腿时，寻找其瞬间偏重的弱点危机，乘虚而施发，一旦奏效，往往致使四脚朝天，人如山倒，是既利索又威风的体面踢法。

钩踢，对身法、步法都有很高要求。只有对手确认已经咬准你的重心和攻防规律，才敢于挺身冲击。所以，施用钩踢就首先能发现对方是否在运动转换中存在重心控制的问题，然后要运用神意和身法暗示去误导，去扩大对方的那种一瞬即失的错误机会，一记及时的钩踢，促成对方犯下一个完整的大错误。

钩踢，要使对方冲击踩进你的中线重心位置的那一个关键点上，一下子变得空了半边，突然找不到人了，突然失控。这就要求你的闪身应当极为诡诈，步法迅疾隐稳。通常是身法配合背插跳步，在跳步调整形成承重足的同时，双膝控住钩足的力道，双相克挫，钩踢由分膝错胯崩弹而发。

钩踢，一般是由对手站位的外侧，顺着他来力的去向而施发，钩踢的起脚高度在膝盖之下，不宜踢起过高。踢出之后，悬空的脚要立刻收住惯性，脚掌继续钩扣，而将再发力的感觉点转到足跟。这是准备一旦踢空或者踢得不理想，可以随即后撩补上一脚。自己双手配合动作，双手可以根据对手遭踢失重而本能的挣扎抡以加强其失衡，促其跌扑。双手同时留意保护自己头部，对手突然被踢到失重，会情不自禁地手舞足蹈，有的对手会本能地抡打捞抓一下。因此，不可大意失防而在偷袭人家时反遭冷拳乱招。

钩踢，可以由外侧使用，也可以由内侧顺踢，尤其是对方上步俯身抄抱自己前腿，一旦对方因上步用力而前脚置于自己前脚内侧，重心前冲，便可一手抹压其颈部，前脚由内顺势钩踢，这可以造成对手滑足前趴。

钩踢，应根据对手的不同情况使用。比如当对方腿攻未果刚刚退回的瞬间，你可以化解了攻击立刻跟着追上去，在其攻击动作未调整复位，退开距离又立足未稳，攻防意识尚没能转换过来，这时快步赶着由侧后兜踢，也能收到很好的效果。

（6）边腿（鞭腿）。

边腿，因攻击路线是斜横着的，也称横扫腿，施发时横抽发力，像甩鞭子似的，所以又叫鞭腿。

正因为是横向抽扫，攻击位置多在对手身体侧边。边腿的攻击幅度低至脚腕、小腿，高至两肋、头部，根据不同的攻击位置来决定腿的动作高度，可以分高边腿，低边腿，小边腿。边腿常用于连续攻击，低边腿与高边腿互为配合，又与直线中路腿法穿插使用，形成综合立体交叉的腿攻系列。

边腿

边腿，属势大力沉的重腿，有不少的练家在使用边腿时，多注重运力抽扫，提腿开裆显得很潇洒，这在TV武侠片、动作片里常常见到。在实战应用中，对边腿的动作幅度有严格的要求。边腿，一方面要能够把大腿轻松地抡开，甩起来，真正使出鞭子的劲道；另一方面，要掌握以身体为轴杆的发力方法，同时，要特别讲究攻击腿的动作角度。

边腿的抽扫，需要较大的动作幅度，但动作稍大又会露显意图，况且大腿的动作绝不能省略对裆部的保护。因此，在使用边腿时一定要把握提膝的高度，尽量使自己的膝部在攻击启动，施发过程中始终不超出自己双足站立点的平行线区。就是说，小腿至足的部分可以横置，而膝盖以上大腿部分要尽量控制在小角度。

边腿，作为攻击刃，包括膝盖、小腿、脚背都是杀伤武器。由膝盖保护自己中线位置，膝盖至足的攻击刃则可以展开，扩大杀伤面。

边腿，使用的是攻击腿，而更重要的是鞭杆的正确发挥作用，这个鞭杆就是自己的身体，抽扫边腿时，头部、腰部、胯部、承重腿在发力的瞬间要产生扭、抖的反张，使得攻击腿像鞭条一样抡起来。甩鞭子，鞭杆摇起来、抖起来，但一定要刹车、有复位，否则就不会把鞭梢抖得脆响，就不会产生柔化突变刚烈的透劲。同样，身体的反张，尤其是臀尾的垂中，只是弓弦绷起的“嗡”一下，立即复中。反张、甩抽的送胯动作可以展开，但必须即刻复中，这才能把力量送给对手，才能使攻击腿迅速复位，才能保持整体攻防的连续能力。所以，练习边腿时，就应十分重视头顶拉簧悬吊的挺拔感，保持身体轴线的良好状态。切忌向前低头猫腰、缩头缩腿，这只能使动作僵紧，节奏更慢，力道发不出来。

边腿，由于常常是后腿，也就是承重腿要转为攻击腿，会显得动作环节增多，速度减慢。这里的要领是摩擦步练习中的重心转移，靠抽掖胯部来减少重心前移，在实战中，完成承重腿转为攻击腿的过程，接近例行的身体闪动幅度，与发拳无异。

边腿，多数人只重视出腿抽人，忽视收腿的质量，这十分危险。因为你感受最恰当的攻击距离和时机，往往是自己最弱的死角。只要被对手抓住，可能立刻使你转胜为败。攻击时，腿的抽扫多少有一定的幅度，有横向面。收腿时，除了打击对方身上产生的反作用力造成横向惯性动作，一定要直接回营。

边腿，前腿、后腿均可使用，也可交替左右开弓。如果讲直蹬腿的功效如同直冲拳，那边腿就相当于勾拳摆拳，在应用时相互配合，正侧相合而为。

（7）撩踢。

像野马后撩蹄的向后蹬扬发力，属拳脚攻击过程中偶尔背向对手，侧横向对手时补位攻击手段。

撩踢，宜于近、中、远各种距离的攻击，因为在技击中双方主要对抗形式是面对面的正对敌手，或进或退，或攻或守。但事物总是矛盾的，无论彼此，正面或侧面攻击对手，一俟击空或者闪过对手攻击，立刻就形成侧后对敌的局面。而且，这种情况下，双方都同时处于极短暂的失控，谁能及时跟上变化，追上攻击，谁就会争得主动。

撩踢，一般是以足跟磕撞对手膝盖、小腿部位，也可以踢击对手裆部或大腿内侧，脚型应依不同的攻击部位而调整。这样的踢击往往是钩踢、低边腿攻击未果的补攻。补攻就必须在第一攻时切实把握好重心，估准对方腿位的重心状况和一攻后的调整状况。补攻，往往会使对手刚急急地躲过攻击，猝不及防又遭突袭，防不胜防。

撩踢，尽量侧后应敌，以视野余光照准目标。别一厢情愿，别忘了人家同样也要算计你的，补踢的对应是双方的。

撩踢的发力是催胯崩腿，小腿辅以弹甩，在触撞对手的时候要能够刹住车，这样的发力是全身的共振。

（8）后旋踢。

后旋踢，也叫转身后摆腿，主要攻击对手的头部、颈部。后旋踢的基本动作是腿法练习的外摆腿，在应用时做180度的旋身外摆踢，具有动作隐蔽、突袭性强、攻击力大的特点。

后旋踢，通常认为属动作幅度大的花式踢法。在实战中，由于双方争斗激烈，往往会因拳脚的正面抗争而形成一定格式的反应规律，加之人为的体力、心理因素干扰，在某些时间段内有可能造成判断盲区，或者叫反应死角。这种情形下乘机施用后旋踢，往往出奇不意。举几个擂台搏击中的实例：原本优势的一方已完全占到场上主动，一旦被弱方偷袭以后旋踢击中头部，立刻昏倒台上，痛失全局。而且，就比赛而言，使用后旋踢即便失手未果，大多是有惊无险，这样高的回报率，当然可以放脚一试了。

后旋踢，对腿的柔韧性有很高要求，同时要善于协调身体重心。能否恰如其分地使用后旋踢，大部分取决于重心驾驭。

后旋踢，最难的是时机，对手略一失神，稍一犹豫，一个短促的小失误，都是一闪即逝的攻击机会。所以，使用后旋踢往往有些预谋圈套的味道。待感到对手强大，难以凭实力正克制敌，就应顿生歹意，在正的掩盖和支撑下蓄意以奇袭之。奇袭的必备条件主要是：对手对距离调整失于精细；对手双手低垂，忽略对头部的防护；对手体能下降，疏于机警。

后旋踢，一般不宜直接施用，以上讲的奇袭的基本条件并不是现成的，是由多方面因素而促成，包括攻防动作、攻防意识，使对手陷入你的支配和影响，干扰了对手的正常判断和反应。这才弥补了后旋踢的动作幅度大的不足之处，形成奇兵突起。

反过来讲，擂台较技前就应详尽地了解对手，凡腿法较好的拳手，均需注意把握腿攻距离和双手对头部的照应。更应牢记，遇弱未懈，得势勿嬉。

3. 腿脚试力

腿脚之长之强已经很明确，通常弱处是感觉不够灵敏，我们要求遍体弹簧似，自然是包括腿脚功夫的全身功夫，所谓拳脚功夫。

我们在前边的试步中，已经大致叙述了腿脚运行于步的试力，这是腿脚的主要功能。在拳意领会已具基础之后，就有闲余顾及以腿脚来辅以攻击了。现在要掌握的腿脚功夫是近乎蓄力、发力的火候。

现在的练习是空腿训练，最常见的是诸般腿法的分组多次重复操练，我们的练习正是在这种形式下着意而行的。这里的空腿练习是形式的空腿，没有踢人，没有踢靶，只是各式的动作。关键又是内容，又是以身为脚。

我们的腿部柔韧练习，腿攻守技法的练习，都看着像那么回事的时候，就应当将我们前一阶段以手为主的试力，逐渐地引导到腿脚来。

腿脚试力的要点同样是“已身皆具备，反向身外求”。练习时可先以低腿、直腿的试力为先导，低腿容易把握平衡，宜于体验内外通联的整体感觉。对于距离和角度的调整能力，对于对手身体松紧时机的把握，对于蓄力发力的火候控制，对于双手的协调，步法的协调，对于攻防进退转换的调节，都必须由习惯双手于身，扩展到双脚于身，扩展到全身于身，无所谓拳，无所谓脚，有呼必应，无所不及；而腿脚试力，依单腿承重操作，所以要多做单腿状态的桩势，既是独步桩，又是单脚试力。试什么？基本与双手操作试力类同，无外直线往返和周围旋绕，原则原理无二。下面举二三例仅供借鉴。

（1）踩球试力。

踩球，当然是用脚来踩球，假设全身为参天大树扎根在大海之中，独脚承重而立，其他与桩法无异。悬空之腿高至膝胯平，脚型钩平，似踏踩深水中的充满空气的汽球。球径约尺许，以脚踩压在适当的高度。低不得触海底尖石以防球破，高不过膝胯平位，重在体验气满之球在水中挣升欲腾的矛盾感和周身因球、因气、因水通过踩压之腿脚传导的松紧协调变化情态。

踩球试力，球中气足，深水浮力巨大，球体圆滑溜光，以脚掌底面来控压，是难度极大的。要求：脚趾开张，趾甲如钩，脚掌掌心似吸盘，足腕灵活宜调节，尽量舒展开来，尽量细微周密地与水与球融合协调，切实体验出多层面的假借的真实。

踩球试力，是以手试力基础之上的更深层的功能延伸和扩展。此阶段的试力，为表达方便而称腿试力，实际上应是整体桩功和试力的多向演变，内容实质是完全一致的，有了桩功的底蕴，回顾通过双手步阶拳意的过程，再去逐步引导腿脚的足意体认，使更趋功德圆满。

踩球试力，不限于踏还是踩，关键是以脚代手重温球、水、簧等与外沟通。

（2）摇树根试力。

我们在踩球试力的同时，可以通过抱树站桩来增加摇树根练习。摇树根，是贴身搂抱大树，同时以腿分缠撕捌树根，树根由膝盖高度分杈伸向地下，以承重腿贴牢树干，悬空腿由外向内盘绕扣紧树根，以大腿根、膝盖、足腕拐扣与双臂抱树，腰胯拧树形成绞扭的矛盾力感。摇树根试力初习时宜缓宜粘、撕撕扯扯地反复体验，只要上下贯通呼应则可，方向可限于前后，腿脚摇动幅度以承重腿为垂中线，前后不过尺余，宜慢宜稳宜缠绵，感似撼树上起风云，感似拽根下震千尺。

摇树根试力，腿要来回划摆，这不是钟摆那样的规律摆动，而是拉拉扯扯、钩钩拌拌的拨动，既要增加以腿摇扯树根对大树的摇撼效果，又要扩展以腿传导身体和大树的雄厚整体力度。

以上讲述的腿脚试力，可以所列的几种典型试力举一反三，根据各种腿法参照练习。

（3）点树控腿。

根据直、侧、上、下、前、后的腿击特点来调整在不同作用点上的试力、蓄力、发力的把握分寸，选一株把握粗细的直树，将腿适度抬悬起来，把脚型摆好，把身体调整至符合某种腿法要求的角度。

点树控腿，是姚师生前根据我练过长拳、腰腿柔韧度较好的特点，专门为我讲过数次，并且自己也边讲边做示范。所以，我认为姚师对拳意假借的掌握程度是十分精道的，尤其是姚师自己曾有很高的弹腿功夫，因此，对于“遍体无点不弹簧”有更深的理解和体认。

点树控腿，还是似桩似试力的练法，点树就是轻触树干，以似触非触为宜。点树时可以适度用身体按抱树要领，通过腿脚短促的振颤来使树杆摇起来。要注意：树被振抖之后产生数次余颤，而这种余震的自发性动感会反作用于脚、腿、周身关节，当然更包括承重腿的感受。

点树控腿，刚开始练习的阶段，点脚于树可以触压实一点，时间长一点。待练有所悟之后，就要虚实结合来进行练习。可以振动树干后将脚虚按树干来体验，也可以将脚离开同样感受那样的传导性的余波影响，还可以实际上没有触树而假设将其撼抖。

点树控腿，可正可侧、可高可低、可虚可实、可轻可重、可长可短，是腿法练习的良好训练辅助手段。

点对控腿，亦可点墙或利用家居桌椅箱柜等物具进行，而依循的原则是一致的。

（4）腿发力。

腿发力，准确地讲，还是全身整体发力。其难度一是单腿保持平衡，不易再振发启动；二是离开前脚顿住刹车，不易形成反差的突然抖撞，力在身上冲不出去；三是重心调整不便不易连续发力。

正因为以上原因，使得众多拳家获得以手发力的能力之后，面对腿发力仰为观止。可见练习发力至周身鼓荡（无论手接足触），都要在手触发力向脚触发力的发展过上一关。

练腿发力，是旨在通过这种训练使自己达到完整的发力，不能只限于踢法本身。腿发力的首先条件是腿试力，是腿法自如和对前面诸般功法的理解和掌握，这些台阶必须一步一趋地扎扎实实地循序渐进，直接跳跃过去是不会达到目的的。

腿发力，选一软垫椅置稳，单腿承重，悬腿置于垫上，勿踏实，依然抱树体认桩功，三五摇动，三两发力，手足同感，一发即止。脚型逐渐依不同脚击要领调整，由简及繁，再至三五虚踏，一二空发，量感而行。

腿发力，最终目的是以腿放人。待以上练习基本完成，再安排双人对抗性的腿发力。初习者可带护胸，须赤足操作，二人面对而立，一人发力以腿放人，一人立稳以胸腹承接，要注意最好有第三人在承接者后面三五尺处保护；发力者脚触稳欲攻的位置后，再整体抖放对手，切勿强力蹬踩；一发即止，对手弹开失重则可，不求跌摔；初习者以直前发力为主。

腿发力，两人交替配合，挨者最初可使重心稍高，步幅稍近，身体要正，略僵直，一俟发力不必抗顶，随势自然退开。对要领基本掌握之后，挨者再逐步略降重心，加大步距（不超过二尺），略侧身到一定的角度，适当加大变化调整难度，但均属条件配合，不得硬撑急躲。

腿发力，再进行就是在双人配合练习中，要求被动方以双手固紧攻方悬腿，仍按前面提到的要领练习。这个阶段要练习以悬空的攻击腿通过对方防护或擒捉的手臂，运用自己整体发力来破坏干扰其重心和间架。

腿发力，发放者要把握调整以手擒捉之臂，与自己攻击腿的横顺角度，使其钩挂得力，这里的功夫与双推手之半搭半断异曲同工。只求对手固提的同时重心受控，一倾则可，勿贪勿懈，过犹不及。两人互放互收，适可而止。

腿发力，腿之攻守的主要对象应是对方的腿。所以，在适当的时候要再从双方腿脚交错情形下体验半搭半断。同样，不要硬格争发，力求控制，以截化对方腿脚的攻击锋芒，而自己仍游刃有余为追求。

前边讲腿发力，讲腿脚的半搭半断，这不过是分解训练，局部功夫，一定不要因下而疏上，上手不得空，周身不得散，中轴不得滞。

腿发力，目前只能讲基本训练原则，真正练习时，应请较高水平的老师临场讲解指导，最忌断章取义，贸然蛮踢，得不偿失。

特别强调一下，虽然是分解着讲述了上上下下各式的试力、发力，而练习者最终会发现，自己似乎又周而复始地回到了入门初习的形式之中。但是，你会切实感受到此非彼也，习者应善悟。

4. 防腿击技法

我们在腿试力半搭半断的练习中已经具备了防范应对腿击的能力，为技术类型归纳的方便，这里再补充一下防腿击的技法练习。

（1）对低腿的防范。

低腿的攻击大都隐蔽、迅捷，旨在袭扰为连续攻击或重击创造条件，由于低腿距地面很近，所以攻击距离不会太长，只要自己重心不出现明显前倾或过久定滞，可以快速提膝让过，然后补踢跟进，力求攻击承重腿，或直接上步踩其中位对付低腿攻击，亦多采用跺子脚，拦门脚加之截击，使得对手无机可乘，反遭伤损。

还有一种低边腿，专踢对手膝盖弯侧，比较典型的是泰式砍踢，专为局部杀伤。对这种凶狠型的对手，要格外注意其遭腿击之后的快速反击，一种应对是抢先将脚触挤对方已出未及的膝盖内侧，力求斜拨振拌使其腿锋变向。另一种是以直截曲，蹬踏其承重腿之低胯，此迎拦后发先至，一旦得手，常令跌坐。

（2）对中盘踢法的防范。

对手常常用直蹬、中边腿、侧踹腿攻击目标的胸腹两肋，在防范中多以双手臂来操作。做这种练习，一定要戴好护裆和护胸，套上护脚背，防守方要戴好拳套（适应竞赛实况）。

接腿时一定要尽量顺势侧导，要首先以一手用防护，另一手做或截或挥的控制，双手应协调配合。

腿脚攻击往往势沉力重，绝不能简单地抄抱或格架，因为对训练有素的强手来讲，这类阻挡是难以奏效的。这时，我们推手练习的主要手法就可以派上用场。虽然腿比拳力重，但以手防手的机敏在防腿时同样有效，勤练多思是不难突破的。

还有以下几种腿法：

掀腿，指抹接对方攻击腿后立刻向上向前推掀。

别腿，指一手顺势搂扣对方足腕部，一手隔腿插过去拦其承重腿膝部外侧，以身体贴靠，肩抵发力。

错腿，指一手抄接后顺势俯身以另一手肘部格压，双臂一兜一压形成绞错，以身体整体沉劲施以反关节制腿。

涮腿，指双手接其攻击脚，扣紧后像摇跳绳似地由外向内抡甩，使对手转向矛盾而仰天倒地。

5. 膝肘技法

膝、肘的攻击，均属近身重创手段，是所谓“一寸短，一寸险”的典型技法。练习膝肘及应用，都仍然要依循“拳拳服膺”的原则，不仅以身为拳，以身为脚，也是以身为膝，以身为肘。并不是因为膝肘在生理结构的特点才使其凶险，只是当长则长，当短则短，全是周身为拳的具体表现。

依中国传统技击原理，膝部攻击多与腿攻互为参用，又常常需要双手创造条件。肘法的应用也是如此，多与拳法，摔法互为参用，单纯来攻打对方是难有什么效果的。

所以，我们练习膝肘攻击，要从近身发力和控制技法来入手，而这又都是我们前面练过的站桩、试力、蓄力、发力、拳法、腿法的基础的补充练习。

（1）提撞膝击。

以技击备势，弯膝弹足，自下而上提撞对方头部。运膝发力近似钩踢的要领，双膝、双腿形成交错，整个身体以胯为折点，双肩要配合腰轴与膝击的方向逆转拧抖，头颈要向内扣合，双手叼扣固控对手颈部，边打破对方间架扯动对方重心，边做膝击提撞。

（2）控颈技击法。

控颈技击法不仅是施发膝撞的前提条件，也可以独立运用，直接控制颈部发力令对手头朝下栽倒，还可以为拳法腿法实施创造条件。

控颈的掌、腕、小臂、肘，要像螳螂的刀锯之臂，又刁又粘，一旦扣住就无法挣脱。搭扣之爪，力合矛盾，掌根底部与腕臂形成夹勒之势，对手反抗，则前后上下互为制克。肘尖与掌固呼应，使其缩不回头，挺不起胸，拧不动腰，站不稳步，在跌跌撞撞脚下拌蒜的状态中被动挨打。

控颈技法，又要会入手，对方要招架，要反击，不会轻易把脖子伸给你摆布。这个入手的功夫也是半搭半断的功夫，只要对方间架一呆滞，手似蛇探，一触即随，遇横便发，遇顶便偏，遇偏则弹，乘虚而入，一俟入手肘掌即刻缠其颈颏。控颈，其实要先控对方双臂的招架和反控制技法，同时去动摇其重心。

扣腕控颈

（3）冲撞膝法。

以技击备势，弯膝略高于腰，以胯反弓催撞弯膝向前冲射。冲膝，一提一收一冲，实则一气呵成，冲速重在快，常在对方防腿失准或上手遭我封控，重心偏高时使用。

冲膝，由于大多没有双手固颈的合力支持，更要体现身体收含的弹射冲撞发力，一冲即回。冲膝亦可根据对方防范的实际情况来调整弯膝的角度，可立可平可横。

（4）横膝。

常用于侧重对方侧后方时横向拦截，很有些拦腰一棍的味道，多攻击对手两肋。在双方实力相当，近身纠缠瞬间，闪开对手在正面对提撞、冲撞的抵抗，由两侧将腿外撤，横向内摆胯横膝攻击。横膝攻击，因为是与对方正面对正面顶触，对方随时会以拳肘突击你的头胸。所以，在双手定心控制封锁时，应将上身横侧，以带动横膝的攻击。

（5）砸膝。

将弯膝高提，扣腿收紧由上向下跪式砸撞，这种攻击适用于那些倾向于将头埋下很低的对手。但是必须恰如其时以双手调控来决定距离、角度、火候、时机，最佳为迎击侧撞，一定要闪身调步迅速的补位攻击，发力精准果断。

（6）平肘。

以技击备势，将肘锋撑出，拳眼向内，平摆肘部横扫对方头部，动作要领近似贯拳。一定要以另一只手封堵自己中路，摆肘的肘尖扫至自己中线即可，不必做过线，摆肘时后肩要拧靠，催送前肘击出去，施肘的前拳要正好护住自己脸部外侧，以防对手与自己拼对攻。

（7）冲肘。

以技击备势，双拳互扯拉满感觉，双肘立锋向前，一手顺边后扯，另一边立肘前冲，直冲对手头部或胸部，也可以冲撞其双臂间架。冲肘时肩要抖开，腰轴随转，要注意双手相互保护和互为催力。

（8）栽肘。

栽肘的使用要领可参考栽锤，只是在提肘时将拳向内折收，使肘尖自头部耳根后上方向前向下冲栽。栽肘多用于对方正面顶撞而上方空虚时的“空中投弹”袭击。

（9）提肘。

提肘是以竖肘自下向上向前提冲，与栽肘配合使用于冲破对方双臂间架的防御圈，同时适于在对方向前以组合拳法冲击的时候提肘迎撞，属守中寓攻的技法。

（10）劈肘。

也属沉肘，指以竖肘下端直落下沉劈砸；适于对付对方低头弯腰钻进欲贴身施技时的自上而下的防反攻击。

（11）低肘。

低肘也属顶肘，是在对方向前冲打而上路间架又很严密时的反击，将拳引小臂向下向内拧曲，使肘尖迎顶对方胸肋。在迎击中要注意封堵与闪身的适用，撞击是迎击的合力。

（12）反肘。

反肘，亦属挑肘，多用于双方冲拼错身以侧后于敌时的机会型技法，或是对方拳法猛烈难以正面格斗，突然撤步，对方欲追打而重心提高，冲击加速，自己在背向对手的瞬间以竖肘向后向上挑打，往往可以冷不防伤其面部、重者一击即倒。

（13）搅肘。

搅肘，属纠缠拨化对方肘臂攻的排障型技法，要领是肘臂的呼应面广，在攻击带里可使肘臂任何一点对于对方的支点做恰当反应，类似推手的划圈封截，以此为拳肘攻击或控颈开路，在对付对手肘击时是重要的辅攻手段。练习时可以结合双推手，加强肘至大臂的控制感和短力臂的振抖发力。

膝肘属凶险的近身打法，对于高水平的拳手来讲，稳定的近距离是不存在的，所以必须特别留意这种一擦而过的致胜良机，一是抓住以制敌，二是不要大意失手，遭人暗算，后悔不及。施用膝肘最忌急火攻心，死缠蛮打，只进不退，一定要收放有度，上下兼顾。

膝肘的成功施发，是“遍体无点不弹簧”的典型，只有具备了整体振抖的发力能力，才能脱开单纯局部用力的拖累，在技击中发挥良能而得心应手。

6. 摔跌技法

在武术技击的综合内容中，摔跌技法占有重要位置，素有练跌打功夫之说。就摔法而论，也有“武艺加跤，功夫自然高”的声誉。

在武术技击的交流中，也往往会遇到善长摔法的高手。所以，在技击功法的训练里，应当安排摔跌技法的内容。记得姚师曾讲过：“20世纪40年代初，与卜恩富师兄有三个月时间共同练习，与我折腾了个够，是光膀子跤，也叫摸泥鳅，对摔法是适应了。”20世纪80年代初，姚师专门请卜先生为我讲授过搏斗的摔跌要领，因而对跌摔有着相当的注重。

在诸如散打的武艺交流中，结合意拳各项基本功法，可以更巧妙地运用跌摔。施用跌摔，首先益于实现中国传统武技较量的倒地为输的目的。其次可以使对手遭受突然失衡、失重和跌扑本身的精神和锐气挫伤而动摇其信心。尤其在对手遭跌撞时由于肌肉瞬然收缩，精神高度紧张，呼吸失调甚至压砸而伤，这些影响对一名拳手往往是震撼很深的。

反过来讲，即便是水准很高的技击好手，也难免会在对抗中吃上一跤，至少应当挨得起摔吧。多种技击术交流，才能真正使自己所练的功夫充实，全面，精致。摔跌练习，是武术技击的必修课。

武术技击的摔跌技法，与中国跤、日本柔道、桑搏、国际式摔跤以及各民族传统跤法有所区别，这种摔跌首先要能适应高速移动，拳打脚踢的搏击特点：一是不易从容抓把；二是不容长时间纠缠；三是要能同时兼顾对手的各种打击。因此，技击中的摔跌技法也要依循以下特点：一要打摔结合；二要撒把快跤；三要善于钻空借法。正是基于武术技击攻防的特殊性，形成了所谓“散摔”的独到摔法。

而意拳在其博采众长，注重实作交流的发展过程中，不仅体现在拳脚功夫，同样对摔跌擒拿方面有着独到之处。做为意拳第二代的卜恩富、张恩桐两位师伯，就是得益于王芗斋先生桩功传授，跤技更精，名重京津，在中国跤坛独树一帜。

（1）跌功。

跌功，也就是倒地自我保护的功夫，这不仅是防止倒地跌伤的防护训练，也是技击所必需的失重调整的训练。

不要说练多年武术技击的搏击对抗就不可能遭对手摔倒过几次，即使是意外跌倒，由高台跌落这样的情况，轻易的就摔成骨折、脑震荡，对习武者来讲也是阴沟里翻船的笑柄。

我多年训练学员，始终要求不得忽略摔跌练习，不但要练，更要悉心领悟，才得更上一层楼。

常练的不外是前后滚翻、前扑后扑和腾身鱼跃滚翻。而在意拳功法中，可以归为滚桩练习。技击讲究随机随势，讲究遍体弹簧，同样包括跌扑滚翻的过程。

与一般滚翻不同，滚桩练习必须体认意感，不能手脚空空地翻来滚去，其要领与站桩、试力、试步、蓄力、发力一致。

（2）滚桩。

初习者要在桩功已具较好水平之后再做练习。练习时要选择适于躺倒的场地，也可以在家中床上或软垫上进行。

滚桩，先以臀部坐稳，双脚勾起脚面，双腿屈膝约90度，腰背尽量后倚，好像划船的坐踏姿势，双手抱球，双腿同时挤夹球体，簧体纵穿球。待意感充实，缓缓后仰，但手脚控球的感觉不变，要注意头颈仍应保持领顶状态。

侧滚桩，以仰手脚控球开始，先做左右摇晃，幅度在尺许，手脚的控感要上下一致，假借球与簧的弹性呼应，全身团抱一滚即被弹力牵回，与试力、蓄力相近。

侧滚桩在左右滚晃的基础上，保持团身时整体意感，适时结合蓄力开始做突发的启动，使左右晃动的身体猛然滚翻至180度以上，手脚的整体控球感不变，然后恢复仰面抱球原势，依此反复体验。

前后滚桩，待练至侧滚桩翻转180度，已经比较自如，适时转为前后纵向的滚桩。这时的精神假借是簧体横穿于球，手脚同抱球体，做纵向摇动，像儿童玩的前仰后俯的木马那样来回晃动，使头和脚形成高低起伏。启动与惯性感结合，反复体验。待内外意感基本顾及后，突发启动，使团缩的身体前后滚翻起来，最好能一下向前翻滚过去。前滚时可以将头部偏让，用肩背过渡，要充分运用启动起来的惯性。向前的滚桩完成后，同样按照惯性规律再做后滚翻，反复体验，及时复位，略加调整后再进行翻滚过去的练习。

跳跃滚桩，经过侧滚、纵滚的练习，滚桩的整体弹力明显增强，从最初的贴地滚动，发展到像皮球一样，在滚动中由弹性而出现蹦跃。这时要开始运用团身翻滚惯性形成的整体腾跃，做出连续滚动蹦跃，滚与腾相辅相成，互促而为，快慢结合，纵横结合。

滚桩，由整体团身的蹦弹而滚跳腾跃，也就是跌摔状态下保持桩功、试力、蓄力、发力的都充满弹跃感，连续变化，为应对各类格斗较量做好有针对性的充分准备。

（五）对杆（短对长）

持短杆者为主练方，持长杆者为辅练方。长杆之杆头应包系棉布，距前手数寸捆扎指粗绳圈用以护手。持杆双方对峙，两杆交支，互调各自距离及间架，各为顺势外手。

持长杆者先以原地原位原间架不变，只在持杆支点上做四成逼压，但莫使杆头过于偏离对方中心所在，辅助对方进行练习。

持短杆者练法要点：其一为以短杆之中上端支稳长杆，然后调整全身与短杆呼应一体，依徒手之左右发力，使长杆猝然弹离支点，杆头偏离自己中心；其二为以短杆抖开长杆支点的瞬间，顺势直接上步进逼，以短杆支点顺长杆滑削对手前把手指（要把握分寸勿使伤害），杆头直逼对方中心；其三为持长杆者略拉开对峙距离，然后上步突刺，持短杆者度以杆支化并闪进身法上步逼指；其四为待熟习之后不分反正手，活步练习。

1. 把杆（齐眉棍）练习与应用

以顺势左手左脚在前为基本范例，后手距杆尾半尺许，将后手握杆置腰带际，杆体垂直于鼻尖上方，前手于眉际与鼻尖之间握杆，虎口向内。前手握杆的要领，意拳与其他拳派的棍法略有不同，不是满把握实握紧，而是要求掐杆，就是将前手拇指顺杆贴紧，其余四指先由中节向内扣拢，然后与拇指合力掐紧卡住杆体。因意拳的把杆多用于滑把磕劈，前手掐杆就可减少满把握杆对抗中手指伤害。

待短杆的各项试力和对杆练习较为熟练，可以开始把杆练习。

（1）摆杆。

以丁八步技击备势，顺势掐杆，以两手握杆间距取中为此杆轴点，后手置于后胯，前手略低于肩，杆头斜向对方中心稍计让开半尺，以杆之轴点封住对方杆头所指。此为摆杆上手。若以杆之轴点为中，将杆头拉于对手胯下外侧，后手持杆尾至自己眉际约尺距，此为摆杆下手。

摆杆上手势，一般为以把杆之前部分做迎截对方来击的变化，多作于互以长杆较量。摆杆之下手势，则以把杆中端部分拦阻对方，而随机随势以杆头由下侧方向对方头部扫抖。摆杆练习，手势有分上下开合，而两手仍如抱球，杆体扭动皆有如盘龙扭绞，首尾互辅，上中有下，下中亦上，随时体验杆体任何一点对外力的顺化、格弹。杆如连体，体似生锋，诸多关节均无虚应。

（2）探杆。

以摆杆之上手势，将杆头由外侧上方向对方胸部中线落探，探杆为及时随对方杆头指向而做的应机变化。实为抢点，先封其锋。

（3）落杆。

以摆杆之上手势，依探杆之探迎，一俟触对方杆体交点，应感而将杆轴指向对方，持杆前手推落而去，这一瞬间要力争判明并控制对方松紧变化，实为争势，即领其气。

（4）崩杆。

以摆杆之上手势的抖杆，是拟杆体前端与对方杆之前端相交之瞬间惊抖。发力方法依徒手横向发力，抖弹杆体要触发刚脆，如甩抖响鞭，全身松紧之转换要随杆若一。

（5）振杆。

以摆杆之下手势，以两手握杆之中节为迎击点，向前对方杆体锋向拦截。此势多用于应对持短杆攻击。迎击点应当灵活多变，无论杆体怎样摆，怎样探，都不得离开杆体轴点的中心为基。而持杆之双手，则如拳势，左手不往右边去，右手不向左边来。随时以假借之敌为着力点，调稳间架，在双手推迎中突然振发，如徒手前发力要领所述。

（6）撩杆。

以摆杆下手势，在杆体中节推迎对手杆击，化解锋锐的同时，以前手为支点之轴，后手由眉际高度迅速沿内弧线落至后胯，利用杆体划摆，杆头向斜上方对方头部撩扫，并骤然发力。

2. 大杆子的练习

意拳以大杆子作为外力延伸，以为全身呼应之辅助。只有站桩基本功较为扎实，对试力之身外感应确有掌握后方可进行，否则又成了手无意感的单纯负重训练。

（1）持杆。

意拳大杆子的持法既不是弯腰捡起，又不是以后手硬举，而是要求先以后手握大杆尾端，技击桩步型立稳，将后手握杆举至胸腰之间，把握杆体悠弹的感觉，再突然向下向后甩振，利用杆体弹崩之反作用力，使杆头弹至齐眉高，前手及时接把，完成持杆。

（2）抖杆。

以大步桩持杆而立，两手握杆间距略大于把杆，杆头高不过胸腰之际。后手握杆尾端一拳距，身体重心略低，中轴圆正，间架均整。假借手中大杆为百尺巨蟒，静中突做惊抖，致使全身如巨树忽为炸雷轰劈，浑身飞涨崩脱，周身关节互为拼撞，大有骨生利刃，毛发扬锋之感。

抖杆，一要惊炸突发，二是周身弹震，三要缓游相宜，四可配合试声，龙吟虎啸，谷应山摇，气势威猛，刚柔互为。做此练习，时间不可过长，每组十余次，三至五组则可，要根据不同训练对象，不同情况，具体安排。

意拳之短杆、把杆、大杆的练习，基本包括了武术长兵短兵的应用，习之熟悟，则一如刀剑，枪棍均可操演应敌。

意拳应敌，绝不排除持械，当长则长，当锐则锐，当险则险，切不可傲持技妄对刀枪。至于突遭凶险，确实手无铁木可图，另当别论，生死之择，不容戏谈。

第六篇

辅助器具

惊诈一拳奇锋，巧释妙意神来

意拳在训练中注重意感，同样注重实战性，而从精神假借之近乎虚无的体认入手，到由虚触实，由实变活，则无疑还有若干级台阶，不会一步登天庭。这种由无到有、由虚悟实、由实悟变的过渡，在意拳的应用训练中，有自成系统的独到之处。

（一）打沙包

对于打沙包，同道中有多种见解。意拳之精神假借，无物时视为有物，而有物则又应视为无物。拳谚中“打人如走步，视人如蒿草”，即是对无有、有无关系的说明。操拳应对，刚硬相交，久经赛阵的好手尚难免伤腕折指，何况初练。所以，采用沙包来逐步练习操拳的变化与发力，应作为练习实战并贯穿始终的重要手段。

1. 沙包的制作与选用

意拳采用的沙包，直径约40厘米，长度160厘米，重量约40公斤。组成部分为：沙心，以洁净均整的小卵石或细沙，先用水冲洗，充分晒干备用。最好将卵石或细沙用布缝制成拳头大小的袋子分别装好，然后统一置于沙心袋中，沙心袋直径约14厘米，长100厘米，全部沙袋的重量主要依沙心袋来调配。沙心袋置于沙包中央，周围填实棕丝，猪棕为上品，白棕次之，亦应漂净晒干再用。棕物外围铺棉布软垫，再外围铺2厘米厚泡沫塑料。最外皮应以上好牛皮为佳，亦可采用细帆布代用。沙包切忌水淋受潮，不可长期放于露天。要防止利器硬物损坏沙包。

沙包悬挂可根据条件用钢管、槽钢或圆木做支架，也可利大树等物吊挂，定要牢固安全。吊挂点上可制10厘米直径、80厘米长度的泡沫塑条或其他具弹性又不致伤害的模拟手臂，三条为宜，均布开形成对上手击点的防护障碍。

2. 打沙包的基本要领与步骤

意拳的打沙包训练，要把沙包假想为对手，首先要认真保持和调整自身的技击间架。沙包的移动上有规律的，而且不会形成攻击，如果面临这样的对手尚不保证间架，真正面对激烈莫测的攻击，就难于临危自保，先使不胜。

其次，是要习惯攻击中心线，严格依循“守中用中”的原则。同时，随时闪化其锋锐，正侧兼顾。

最后，就是养成精确的距离感，并适时假借对手防范与攻击，不可埋头痛打或完全形成击打规律的程序。

练习步骤

①定步前手拳，冲拳、钻拳、栽拳、鞭拳。

②定步后手拳，冲拳、钻拳、栽拳、鞭拳。

③定步交叉拳；冲拳。

④定向（前后）前手拳。

⑤定向三拳连击（冲拳）。

⑥环切内向前手拳（冲拳）。

⑦环切内向三拳连冲拳。

⑧环切综合拳法（冲拳、钻拳、栽拳、鞭拳）。

⑨掌法。

⑩腿法。

⑪膝，肘攻击。

⑫定位顶点发拳。

⑬定心顶点发拳；（调身法）。

⑭沙包冲荡发拳。

打沙包，要特别留意对手部的养护。一是每次训练前应仔细将手洗净，并适当涂抹甘油以增加皮肤弹性；二是每次训练后也应认真清洗，如有皮肤擦翻或硬茧掀破，应及时涂抹红伤药油，尽量不用红药水、紫药水，以免生硬疤；三是要选用柔软不易擦伤皮肤的绒手套或专门的打沙包拳套；四是要依身体适应程度，采用相宜的击打方法和强度，切忌蛮力硬操。

意拳打沙包更讲究击发的触点与火候的把握。非打着、打准、打正、打实，不轻易炸发重拳，尽量不打冲程长的拳，不打全身背离桩功要领之拳，拳拳如对劲敌，拳拳以制敌而不制于敌，随时调运中气，配合试声、试力、摩擦步诸般基本功。意拳打沙包，以妙运舒适为旨，操之有得，有如游龙戏凤，迅击炸发忽闪瞬间，独有一种意境。

（1）定步前手发拳。

尽管我们已经多次练习了徒手发拳，但一俟面临沉重而硬实的大沙包，毕竟也算是打真的了。所以要预先了解发拳击打沙包的逐项要领。作为定步发拳，首先是自身的重心控制问题。初练者在用力发拳来打击沙包时，往往会因为距离的感觉没有准谱，这便会产生以下几种情况。

估计判断的距离过远。一发拳便感到可能够不着目标，或者是够着目标也打不实劲道。于是会不由自主地在发拳击中目标的过程中，明显地将身体重心向前去凑热闹。如果没有教练及时纠正，就会形成长时间重心前扑的不良习惯。

估计判断距离过近。又过于克守“形曲”的条规，这样练习会影响发拳的距离适应能力。一旦有心狠击目标，情不自禁地带样儿，眼珠子瞪圆，嘴角都拧上劲，更不要讲提前拉开架势。这样都属于动作预兆明显，是不符合实作要求的。

连续发拳时，不能及时恢复备势。没有做到一发既止，使周身保持站桩的状态，这便会形成间架收夹，双手低置，双脚站成横位，全身关节失衡，缺乏整体弹性和应变感。

命中意识不明确，击点分散。练习时容易造成滚拳，就像踢足球时不慎“坐车球”踩上滚动的足球而失控。在发拳时造成滚拳很容易扭伤腕部，或使重心偏冲，步型混乱。

突发性不强，目中没有情况。只是按部就般地一拳一拳地打。实战中的战机往往一闪即逝，所以，必须使全身随时处于念头一生浑身一惊拳如弹头脱手而发的状态。

综上所述，仅仅是定步发拳击打沙包的一般要点，习者不可轻视而草率操打。需知，以上要领会在实打真拼中时时而生，只有反复体认，方可形成拳势之根本。

（2）定步后手拳。

有些习拳者习惯于将后手拳当做杀手锏，以前手做试探性突刺发拳，一旦时机得当，猛发后手拳来重创对手。所以，在利用沙包来练习后手发拳时，要注意以下几种情况。

一说后手发拳，便专注于后手，前拳形同虚设，没有足球场上的二过一似地相互策应，陷入一拳一脚的局部感觉和动作。

后手发拳时，大多数初练者不习惯利于身体垂中轴心的扭甩来发拳，这就表现为：一是后拳送展不开，发拳不充分；二是因肩、胯、腰协调不够而将重心前探；三是后手发拳，头部鼻尖不对应拳锋，形成打东看西，头顶不悬中，全身不周正，互争之力从何而来？四是原先的前手变为后手时，缺乏扯甩呼应，没做到前手打人，后手使劲；五是连发后拳，恢复回弹至原备势，随时再可拳拳相逼的狠头不够；六是双脚容易站成横位，使门户敞开，中位失防。

（3）定步交叉拳。

交叉拳就是双拳相继而发的连击拳，双拳的交叉有这样几层含义：一是左右开弓，充分发挥前手拳和后手拳的作用；二是此呼彼应，声东击西，迫敌顾此而失彼；三是扩大双拳的攻防功效，体现攻守寓一的特点。

这就要求练习者在发拳时，不能“一二一”地像做广播操，双拳更应像两名进攻足球队员在冲击过人时巧妙配合，来化解对方防守那样，变化万般，使对方防不胜防。

（4）定向前手拳（进退步）。

这里的定向是指无论进步还是退步，前手总是锋指一个目标方向。

我们知道“借法容易上法难，仍以上法最为先”。对方严阵以待，随时会予以迎头痛击，二人怒目相对，戒心十足，常使初练者望而生畏，无计可施。

但是，“兵以诈立，以利动，以分合为变”。对方感到有把握击中目标，或者发现敌手空档大，步位横，反应慢，则会为之所动。这种原本“静以待动”变为“动以制动”，则很可能为“动静相生”的后发先制而制。

所以，以沙包练习定向上步，应认真把握有关要点：一为意感充实，灵敏，视眼前沙包如强手，随时可以攻防进退，凶险逼人；二为上步要应感而生，一俟感到对方的重心、间架、虚实出现机会，手足有如争逐脱兔之鹰犬，其突发之势，应使自已亦为一惊；三为进退不离桩，随时随机力浑然，一进即止，一发即留，桩势间架总似未动，又总似欲动。

以进退步打沙包，先勿使沙包荡动，待定步定势发拳，均体验到与沙包互相牵联吸引的感觉，可以略将沙包前后荡动，幅度勿过，尺许则可。在进退中击打摇荡的沙包，要注意几个要点：一是进步或退步须完全因沙包与自身适合发力的距离而动，可能是上半步再上半步，也可能是退半步，再退半步，立即又上半步，总之是进进退退，收放放收；二是手脚呼应如小猫戏蝶，轻捷柔弹，两脚间距重心配比介乎四六与五五之间，足下如踩簧，一落如钉，一松即腾；三是要从沙包前冲后荡的过程和转变瞬间之中，体察自身重心是否得当？手脚进退发收的时机是否准确？追击与迎击的火候是否明了？“进操其身，退领其气”，妙用无穷。手足皆有度，度彼度已、度虚度实、度得度失、度温度火、度进度退、度收度发、度空度横、度疾度缓。形为手足之度，实为周身全心之度。

沙包荡动，即为敌动，目光精神须为之一振，进退调息勿使憋顶。

（5）定向三拳连击（冲拳）。

定向是指向前，向对方中心线。初练时要求定线定点，逐步做到定线不定点。

三拳连发，初练时难免分解为一二三，两拳各打各的。意拳的连发拳，要求二拳呼应，此至彼进，此收彼发，争先恐后，有如雷电交加，一旦拳发，滚雷飞炸，势如破竹，接踵而至，使发拳一气呵成，畅如流泉。

三拳连发，双拳要互为撕扯，肩、肘、胯、膝相衬相争，以顶心为轴，似玩具中拨浪鼓中心杆一捻，两旁绳珠儿甩抽自如。记得当年美国中量级拳王伦纳德，在防守反击中突发连拳，全身拧扭一抖，三五拳炸豆般爆发，在连发拳的应用上有相当的代表性。

三拳连发，要首尾相争，头要逐手，要像锤头撞击钢钎一样向拳碰发，使拳发如飞撞而脱。无论怎样发拳，总应有一手置于耳鼻寸间，掩其门户之功。

三拳连发，初练者往往第一拳轻快，第二拳沉实，第三拳锋势近收。练有所得时，不再应有这样的轻重缓急，或者轻快或者重实，从心所欲，不拘一格。

（6）环步前手拳。

初经实战者大多对敌手的前锋视为抵角，进不得绕不得，颇为棘手。环步前手拳就是打破僵持局面的针对性练习。

面对沙包练习环步前手拳，要义便是“避其锋锐，击其惰归”，一俟判断对方前拳欲行冲发，以头部向对方前锋拳外手做暗示，诱其冲锋外移。而中门显隙，更因其忽生犹疑造成瞬间迟钝。只要这种时机一闪现，即刻环步内切前拳忽至。做暗示要精神真切，对方不及反应就真向其外手侧后迂回。对方反应便是假的，真的已然扑面而来，防之晚矣。

做这种类似球员过人的晃闪，一定要身松神活，绝无定势可循。一旦拳发，以正击斜，一旦击中，全身相合，一旦击重，尽可连发。

（7）环切连拳。

从形式上看，就是围着目标转圈，边转边做连续发拳。

常见于两人无论进退都直来直去，当面锣对面鼓，像顶牛一般，把对方的面看得太正，太严，而自身又难以从对方的逼迫中拉开锋侧距离，从而不敢适当放松，使全身缺乏正斜互为的机动变化能力。

环切连拳打沙包的活步练习，原则上是以自己前手前脚向对方前锋内侧的中心线环切，手脚齐到踏中门夺敌位。临敌时，正面一错即是侧面，实处一空便是虚处，成败得失只在方寸之间。沙包垂挂，着着实实，其垂中线幅射到圆线的任何一条垂线也都是中线，这样，只要由外延更大的半径环切，都可以直指沙包中线，依此练习，对应敌中的切环逼中就有了更实际的感受。

初习者可以颇有规律地一步一转，一转三拳，围着沙包转圈打。有过一定实战经验后，应对沙包有特定的精神假借，意想敌手随时忽然转换重心，不断突发威胁，依这种情态练习环切连拳，进而使身形远飘变化无定，使拳踪迷离，有如满天飞花。

（8）环切活步综合拳法（冲、钻、栽、鞭）。

这当然是模拟实搏的综合练习，不仅要依沙包荡动而进退击发；又要左右环顾，避锐击惰；既要拳准拳快，又要拳冷拳刁；既要有一击可杀的重击，又要有攻防无定的变化。

这种综合模拟的练习质量，除了要有扎实的意拳基本功，还有待于充实的实搏经历，如此才能意感真切，假设合于实战。如果是旨在参加正式散打比赛，更要在时间节奏和体力分配的强度和密度与竞赛规则合拍，才会有合乎竞赛特点的能力，这种针对性练习还要求适时戴散打手套，穿全套散打护具，带上护齿，由教练按比赛的特定条件进行。

（9）掌法击沙包。

意拳的徒手技击多用掌法，这更适应打发结合，打控结合，重创与制服结合，推手与断手结合的多层面技击特点。

利用沙包练习掌击，其要领可以参考前边专门讲叙掌法的章节。以下列出几种典型掌法练习可供入门参照。

戳掌练习

与定位前手冲拳的要领相近，只是掌心向下，四指与拇指并拢，掌心如吸。目标是沙包正面上眼鼻的位置，要求戳刺突然，落点准确，探臂柔弹如蛇。要在着点同时有全身的发力配合。

甩掌练习

与定位前手鞭拳要领相近，掌心向内，五指满张，手腕稍扣，击点为掌背，假借沙包面部耳位置为攻击目标。要求如反手甩鞭，亦可上下呼应，甩击对手胃区及两肋。各关节均有弹簧振抖感，要把握好掌击沙包的瞬间松紧变化。

削掌练习

以神龙戏水练习为本，以小指根为掌底缘击点，假借沙包两侧敌之肩颈为目标，自上向下向内斜削。双掌要攻防相宜，身体要以轴为基，甩抖抽劈，虚实中求变化，意感中可以掌、腕、小臂化解对方间架的格档，落着即发。

踏掌练习

踏掌近于形意拳中的劈拳，在意拳的应用中可直可曲，可上可下，可纵可横。踏掌的击点为掌内腕根部，其沉实如拳。发掌时抵掌击，扬掌发，腕部有较大的撩扣变化。

直向掌击可踏打颈部及耳根，亦可直击胸部、两肋。

侧击时可踏打其面侧及两肋腋下位置。

踏掌的特点是起落扣翻，抖振之力十足。

（10）沙包的顶抵发拳。

许多拳种都讲究“拳打寸劲儿”，而意拳的粘点炸发的弹簧劲也有其独特之处。当然，劲力的训练主要是来自站桩的精微体认，再由试力、发力来加强体验。利用沙包做顶抵发拳，正是意拳发力训练的手段。

对站桩、试力、发力等基本功已有所得之后，可以适当练习对沙包顶抵发拳。这种练习要领与定步冲拳近同，但必须将拳面与沙包贴实，不留空隙，手臂与身体间架同正常技击备势。

初练者可先以拳顶抵沙包，要顶中抵正贴实，以站桩中外内联之意感使周身百骸与沙包通联，使意感微振，全身微弹，通过拳抵至沙包为之抖颤。要及时检验全身松和之情态，初习者定勿强求，略有振颤则可，一形成沙包的反应即做放松，稍有僵紧便无法继续。

有了顶抵发拳的初步体验，才可以做进一步练习。这个阶段练习，要求顶实沙包，全身关节处处如簧，跃跃欲动，头顶足根皆上提下撑，周身一动无不动，无微而不合，有感斯应，然后细细体验拳面与沙包贴紧又呼应的感觉。有了内外相联的反应，可将沙包想为小球，而自己全身为整个大球，拳抵之处不过是球周边的某一点。意感忽有巨大外力猛震全身，身不由己而整体撞弹沙包，使沙包砰然抖起。此项练习不可操之过急，力求周全、均整、干脆，每撞一下都要符合要领，要感觉漂亮、痛快。

以上练习还只是定势而为，还应在此基础之上再进一步练习臂长之顶发，臂曲之顶发，上下各势之抵发，侧身斜势之抵发，身法变化中抵发，步法变化中抵发，冲拳之抵发，钻拳、栽拳之抵发，随机随势，随意随时，可至无须目视，粘点即发，这才具备了“遍体弹簧似，一触即爆发”的应用基础。

（二）打小棉球

了解技击常识的人都知道，在双方激烈而紧张的对搏之中，要能够击着、击中、击重对手，着实是一件难度极高的事情，可谓是“失之毫厘，差之千里”。不少习武者徒手可断石裂木，击打固定目标时，劲力十足，大有当之必摧的势头。临阵相拼时，却大多难尽人意。这里最重要的便是着力点的难以捉摸和把握。因此，多种角度，多种距离，多种质感，多种速度的目标变化，才是克服把握不准着力点和发力时机的关键所在。

通过击打沙包，练习者已经初步掌握了一般规律下着力点的特点，再通过击打悬吊的小棉球，就可进一步提高适应实战需要的发力变化能力。

棉球体轻质柔，再以细线悬吊起来，很有些飘忽无定的感觉，初习者挥拳击打，会感到有劲使不上，浑身发僵，十分别扭。

说是打小棉球，其实不一定都是棉球，应该根据练习者的基本功的程度来选用。初练时以棉布袋充填棉花或碎布头，做成棉球以拳头大小为宜。再要轻时可填以松散纸片、薄海棉片，或干脆将小塑膜袋略加充气后系紧使用。再要活时可填包乒乓球或网球，并在吊挂的细绳上端系数根橡皮筋来增加弹性变化。

打小棉球可分以下几个练习阶段：

第一个阶段要吊挂规范的棉球，略轻软一些为好。初习者往往挥拳幅度大，冲程长，明劲很冲。吊起一个打不上劲的棉球，可以调节练习者的力度分寸感、间架均衡感和重心把握能力。发拳者可按正常击打沙包的要领来打，由拳距棉球尺许，逐渐调整到寸许，先练前手拳，后加练交叉拳。要假设小棉球是一个机敏灵活的对手的头部，要有迅疾感、机动感、突发感和连续感。

第二个阶段要挂弹性稍大一些的棉球，这个阶段练习要将拳置于静吊不动的棉球旁，若即若离，身振拳发，棉球一粘即飞弹而出。如此反复习练，要耐心而沉稳。

第三个阶段要吊挂轻虚飘感的小球，在步型及身体重心基本不变的情况下，拳面轻触小球，手臂略做前后伸屈，要求拳头移动幅度不超过半尺。要在拳头触着小球前后移动的过程中，能够随时随点突振而发，可以从两三个比较典型的点的位置上先开始，逐渐过渡到任何一点上，或进或退，或停或动，即振即发。

第四个阶段吊挂略小的弹性较大的球。使小球悠荡至三尺内幅度，然后轻快而准确地以拳头贴触小球，要在飞荡的小球与拳头自然触接的瞬间全身振发，要特别把握身体放松，关节蓄力和一触即发的火候。还可做头部闪迎小球的练习。

（三）打手靶

持手靶来模拟实战中机动变化的人头，对迅速适应实际对搏的距离感和攻防相顾的转换应变，属十分必要，不应该以非传统的理由而加以排斥。

在经历了发空拳、打沙包、打小棉球的练习，已经基本掌握发拳要领之后，指导打手靶的教练或助手持掌手靶的水平，就显得至关重要了。一个出色的持靶者，能够将自己丰富的实战经验和对抗中的各种典型情况生动再现出来，使初练者在投入真实对搏前得到合乎常识的仿实战训练。

既便是久经战阵者，适时进行手靶练习，可以在无甚伤害的条件下温故知新。

持掌手靶应当这样配合对手的练习：

（1）手靶的端面要正对练习者，并尽量保持垂直，并保持指腕的弹性张力，以防伤手。

（2）持靶者要注意靶与自己头部拉开侧面距离，以免击靶时回弹碰伤面部。

（3）对初练者可以稳定地将手靶控制在相当于头部的位置和角度，使练习者每击打三五下便撤下手靶，如此反复。

（4）持靶时可逐渐按以下规律适当变化的1/3过程定位靶，1/3稍微做前后左右的闪动，但仍以使对方击中为宜，1/3过程使手靶及时躲开打击。

（5）偶而将手靶迅速逼至练习者面部寸许位置，不必触打之，促其及时对步法做出调整。

（6）一手持靶，一手戴拳套，在练习者击打手靶时，适当模拟对攻还击，迫使练习者随时保持技击桩间架，培养攻防若一的能力。

（7）持靶时适时以腿法快速轻踢练习者。

（8）尽量以竞赛回合时间和对搏的节奏规律来设计情况，以提高练习的近实战状态。

（9）把握好手靶角度，尽量避免练习者手腕扭伤，要依实战特点，做各种拳法的针对性的角度变化，以提高拳法综合运用水平。

（四）攻击脚靶

以脚靶辅助训练，不仅可以练习各种腿击的攻击距离和调整变化，更可以用来练习掌击、肘击、膝击等进攻手段，所以适时采用脚靶做助训器材，实属必要。

持掌脚靶的要点与掌手靶差不多，但也应注意以下几个问题：

（1）一定把脚靶下端皮带扣紧，不能为省事而草草上阵，一旦在练习腿击时忽然脱固，很容易造成伤害；

（2）正手或反手握持脚靶皆可，但须把握好撑持的角度。腿击力度极大，稍有疏忽，亦会隔着脚靶照样踢伤手臂。

（3）要求攻击者先踢轻快而较放松的力度，待双手都开始适应时，再逐步加强发力。腿击发力要快、准、狠，相互穿插。

（4）持脚靶，先做固定的头部、胸部、肋部、大腿、小腿等不同攻击部位之模拟，一个位置踢若干基数，待攻击方各种腿法要领基本适应后，再适当踢击二至三个位置的转换变化。

（5）因为腿法攻击的负面是“起脚半边空”，所以，在持脚靶的练习中要着重进行模拟防守反击的训练，就是在对方刚踢中脚靶，或刚踢空脚靶的同时，及时以步法逼其站位重心，迫使练习者随时保护间架，调整重心，保持连续攻击和变化的能力。

（6）根据练习者水平，适时结合用护具和拳套做综合训练。

（五）吊球练习

可以采用拳击练习中常用的速度包和排球训练中的拉簧吊球，如有条件，立簧球靶也很合用。

吊球最好以弹簧固定，在练习中主要是利用吊球高节奏的弹性闪动变化，来激活练习者神经反射和肌肉收缩的高频振应能力。我们在站桩、试力和发力练习的精神假借中，力求一种高速高频率的外力引动源，以此达到惊、弹、炸、抖的真实反应效果。只有具备了对敌手的精细高速起动的判断察觉，并具备了与之相应，而且更细微高速的反射应发能力，才算是体味到了技击的内在感觉。

经常进行击打速度包，吊球练习，对于辅助形成站桩中高速高频效果的精神假借，进而提高站桩的实质性感受，是很好的借鉴手段。

拳或脚的击发，必须快而及时，其主要原因就是由于对手同样力求瞬息万变，在高度兴奋机敏的状态下，任何稍有固定意识的判断和反应动作都可能因差了一点点而告徒劳，甚至“一着不慎，满盘皆输”。这种高级的时空感应力，往往决定了技击相搏的结局，一旦从一点点时间和距离上分出了谁个快慢，那才是“一步赶不上，步步赶不上”。

吊球练习的要领：

（1）悬挂吊球时要根据不同的需要调整好球体的弹性和适当高度。

（2）练习手部击打时，要以快速闪动中的准确点和时机为主要目的，不要盲目抢打。

（3）逐渐以手的正、背、侧面轮流击打球体，适应不同方向和角度的反应能力。

（4）初练时，手与球体的击打幅度尽量控制在半尺左右，允许手臂有较明显的曲伸运动。到更高水准练习时，手与球体击打幅度不超过一拳距离，手臂不应有明显的挥动，要更多地使全身的高频振抖催动手来击球。

（5）待定位练习一定程度后，要以手触球不离左右而连续击打，同时以身体均速做前后的水平移动，这是定心力的应用性练习，练习中把握好技击桩的基本要领。

（6）在逐渐适应身法变化调整中击打速度包之后，再增加步法调整中的击打练习，以提高整体运动变化中的高频率击发能力。

（7）适时辅以腕部、小臂及肘肩的触发速度包练习，这也是“遍体弹簧式”的有效辅助手段，这个阶段要特别把握全身各个关节如簧共振的协调感和着力点的激发感。

（8）这时以吊球置于腰、膝之间位置，在独步桩的基础上，练习腿击的高频击发，不求重，而力求准、快、活的连续效果。

（六）抖小沙袋

（1）细帆布或尼龙布缝制成同手腕粗细，尺许长短的条袋，内装半袋净细沙石，谷壳、绿豆均可，要根据不同要求而定。

（2）在意拳推搭手以至断手训练中，常常会有与对手攻防相接的情况。在这种触接时不是单纯的架，而是在恰当的位置角度封截，突发弹抖变化，造成间架和重心的过失，而这种弹抖又必须是极瞬间变化，方能使对方猝不及防，进而及时扩大优势，从容迫其就范。而练习抖小沙袋，要先培养肢体感觉，然后将小沙袋搭放在前手臂常用来接手的触点，各关节弹性感较清楚后，可假设触点突遭毒蛇袭击，身体被控不伸动，惊恐炸抖将小沙袋猛然绷飞。这种力求其突发性，全身一振而已，抖力要充分如触电激发。

（3）定势抖沙袋，会逐渐掌握要领。然后，还要在步试力中的两三个运点上，不定规地突然抖发小沙袋，试力运点托小沙袋要撼动中随时控制的均稳，这种抖发一定要在行进中突发，不求固定了再行抖发。

（4）大石球，直径20厘米，将大石球在桌面上放稳，而对石球中正而立，择准石球的轴线，双手分前后置于石球左右两侧，臂前端倚侧贴紧球面，调好两端的平衡。

搓球时前手臂挤紧向内搓挂，同时将后手挤紧球向外向前推搓，配合搓推，在双手的配合中全身呼应，把控双手之进退振拧，使石球突然旋转起来。

这种练习中很适应推手对抗中的定心偏闪体会的形成。可不断改变旋球方向和节奏，快中有律，均中有缓，意感球物，切勿徒做茫然之举。

（5）置球于桌面，中正而立，调整好桩架。以臂触球使身轴水平转动而使石球横向滚动，再以手臂前端另一侧触球将石球滚回，亦可双手配合滚动，滚球要平稳力匀，不使触感间断。盘石球，就是以双手交替盘绕石球，在盘绕拧旋中培养间架变化中多点多角度多方向的意感控制，基本手法为神龙搅海。可先将石球中正旋转起来，然后盘绕上手加之随机控制，盘绕中要善于贴、随、柔、活。旋转中可随时改变反转正转。操之过急则滑浮无定，运之过缓则控持无根，不可手空空，更勿球匆匆，球之圆滑溜旋，手之翻拧盘缠，无点不随，无机不乘，无孔不入，无所不及，方为妙也。运球之精要，全在“无有”“有无”之间，无时若有，有时若无，唯有极致和绵绵不断。

（七）护具应用

散打搏击的护具，指头盔、护胸、拳套、护裆、护腿、护脚、护齿。这些辅助的安全措施，不仅可以保护拳手在激烈对抗中少致伤害，更由此而扩大这种技艺的推广发展，从而提高技击的技术水准。

其实，我国自古就有用以练习的技击防护用具，只是由于科技水平的限制和武林门户的特定条件而未能广为发展使用。随着现代科技和体育化、市场化、商品化的必然介入，技击护具不断更新发展，这对于当今的武术界来讲完全是件益事。

那种过于强调非徒手赤身相搏便失武术真谛的理论不应提倡，即便是金钱刺激的最大诱因，也不能忘却武术技击的根本宗旨。我一直倾心于这种更近格杀的技击研练。但它仅仅是武技内容中的一方面，不可能包容技击的全部。从社会文明程度的发展看，它无疑更带有商品的色彩。

无论怎样的武技对抗形式，应用护具都是非常重要的辅助手段，当然，应用护具也不是排除适时适度地做一些徒手赤身的对搏。意拳讲求分寸得当，能够依对手水平德行而恰如其分地击触才算技击，“技之击”与“击之技”截然不同。

使用护具要注意以下几方面：

（1）选用护具要由有经验的教练或拳手来进行，主要是护具的实用性和质量标准，否则，非但不能保护拳手，还会造成不必要的伤害。

（2）根据不同技术阶段的特点来佩戴，只戴盔、只戴护胸、只戴护档，都可在分解练习中掌握应用。在正式的对搏练习中就必需认真检查佩戴，不得草率行事。缠手绷带的使用也很必要。

（3）佩戴护具后的技击，就应该注意击打位置的选择。比如，踢击对方胸甲边棱处容易伤及自己脚部。

（4）护具使用后要及时整理，适当喷些白酒以防汗浸霉变，及时修补，可以延长使用期。对护齿要专人专用，及时清洗收存。

第七章

拳意108问

拳在意外，意在拳中

习拳体认，多年以问题为先，我常要求，要会找出问题。日后向人授己之体会，又常常遇到各种提问，有许多是自己曾经提过的，后来似乎是明白了，但经过一些时候，经人家再提，又似乎不完全是当初的问题了。面对似曾相识的问题，欲做答复却不敢贸然，这才理解了一只钥匙开一把锁和因人因地因时的道理。前辈们常讲，水到渠成，功到自然成，不屑于讲不够火候的话。徒弟对老师少有讲论是不到时候，徒弟对徒弟讨论又难上档次，老师对徒弟讨论则不合身份。

但是，知之为知之，不知为不知。所谓学问，学而知之，问而知之；善于发现和提出问题，善于讨论和搞清问题，才是求学求知的必须途径。凡学问，总有大致规律，这是其共性的一面，又有各人经历，理解的不同，这是其个性的一面。本人追求拳道数十年，师教固然为重，而同学之得失长短，同道之见仁见智，旁学之触景生情，则同样更具一字师德。教学相长亦为习武所必需。

细观以往与师与友的问题笔记及信件，深感受益良多，且多角度，多方位地拉开距离，对同一问题做再认识，再讨论，也是别有一番滋味在心头。现在终于有了自己的见解，当然有必要将这见解形成的过程一并记述，即便不能使后来者借鉴形成的过程一并记述，即便不能使后来者借鉴而举一反三，也可能无心插柳而歪打正着。

1问：刚开始站桩，两臂会感到酸痛，肌肉发抖，想放松也松不下来，是硬坚持还是可以歇一会再练？

答：可以调整一下两臂的高低和环抱距离的大小。除了体质太弱者，一般不必专门休息后再练，初次站桩的时间要略短些，每隔三五分钟就慢慢落下来，感到两臂酸痛减轻再逐步提高，如此反复。

2问：老师一般都要求我们站20分钟到两个小时，这种时间规定是必须的吗？

答：做为拳术的桩架，专为训练技击，对基本间架有针对性的考虑，而平常人对这种近乎固定的架势就很不习惯，对技击所需的肌肉协调分工更不适应。固定一种间架，首先是培养适合技击的合理肌肉负担方式，旨在形成特定的动力定型和条件反射系统。所以一定要强行限定固定桩势的时间，虽然可以因人而异有以变通，但这种辛苦还是要付的。

3问：是不是站得越长，功夫越深？

答：没有必然联系，意感真切为主。同样是意感充实真切，站桩时间长，效果会更大些，但凡事都有限度，不能蛮干，欲速则不达。

4问：据您经验，最长而又不过份的站桩时间是多少？

答：自己年轻时硬撑着站桩曾站过7个小时，一连气站下来，这中间当然有一些小的调整。听说有的人也站过差不多的时辰。最好还是量力而行，按老师的计划而行，每次连续站桩达两个小时就足够了。

5问：常常有人讲会站僵了，所以不敢自己随便就站桩，真的站僵了该怎么办？

答：站桩时有少数人会产生局部肌肉痉挛，表现为双臂定势放不下来，有时会浑身发抖，严重的还会发晕，甚至休克。所以，对初练者要特别注意由短及长，由浅入深，不可大意。对站桩中站僵的情况，要先由其肩胛部肌肉轻振按摩，然后以双手托其双肘略向上以减轻其局部痉挛的状态，并轻快地微做颤抖，再逐渐放下。同时以语言使其消除紧张，分散注意力。指导站桩时要留心观察学员情态，还应对体弱者做事先的询问，做到心中有数。

6问：站桩时，老师总要求我们把双手尽量张开，拇指和小指撑挑，这会使双臂很难放松，是否可以将手也尽量放松呢？

答：从拳术应用来讲，肩部尽量松，而手指要相对硬些，原因之一是手在攻击时需要瞬间硬度，原因之二是手在相互纠缠变化中要有钩锉的作用，原因之三是培养手似钢锥肩臂如鞭。但是对练习步骤而言，应该有主有次，先注意一些更重要的内容，再逐步加强手的控制，待适应之后，你就会发现这问题已不算是什么问题。

7问：我注意到一些意拳老师站桩时的大臂几乎摆成水平，您却要求一定角度，这是否有矛盾呢？

答：从参加过散打比赛和实际对抗的经验和芗老所要求的三角力的观点看，还是保持一定的夹臂角度为好。形意拳中讲肘不离肋，整体对搏击需求更为合适。

8问：意拳的精神假借，不少人都感到比较抽象，比如手捧球、抱树，是否有什么辅助的方法可以使用？

答：这只是个感觉层次的问题，对知识面较广、触觉敏感的学员会容易得多。我主张练意拳的人在日常生活中要处处留心，多体验，比如多用手触摸水，冰水、热水、静水、动水各不相同。多用手体验丝、毛、羽、纸等轻软之物，多用手体验刮风、下雨，用手触接振荡的机器、车辆，这都会帮助你的假借感应。

9问：最初站平步桩，要求身体重心略向后一些，这样就会使脚跟受力，时间一长脚就发麻，恐怕是不妥的地方吧？

答：不能只注意脚，问题在全身，在足腕和膝胯的适当角度及弹性，这才会形成身体的弓形状态。足部也是弓状，足跟应有踩压弹簧的感觉。

10问：我总体练不好重心偏后，足跟又有踩簧感，有什么方法吗？

答：可以适当地选择台阶处站平步桩，站桩时以前脚掌的多半部分踩实，而将足跟部分悬虚，逐步将身体重心向后靠，可以有帮助。

11问：常说要用意而不用力，意即为力，意就是想吧？想怎么会等于力呢？

答：前边讲过，意主要是神经活动，这里说的力是指由神经活动引起的肌肉活动，这种活动是一种因果的关系，明显区别于单纯的鼓胀肌肉的那种用力。

12问：所谓上有绳吊系，下有木支撑，这不是很矛盾吗？

答：是矛盾，并且就是要求有矛盾，关键在绳吊与木撑的分寸合一，互为关系。上有绳吊系并不是一种固定质地和弹性的绳子，它可以是一指头粗的钢绳，也可以是头发丝一样的细线，又可以是皮筋或者弹簧，吊是若松若紧，若轻若重的吊。下有木支撑也并不只是桥柱子一样的支顶，撑的是似竹似藤的不同力感，吊与撑又是相反相成的，是对立中的统一。

13问：老师在调整我们站桩间架时，总要用手在头顶百会穴的位置上点一点，为什么？

答：顶心虚领挺拔是大多数中国拳术的共同要点，一般调的是中，我们这里还要强调开合，上下开合，通过顶心暗缩、暗伸，使假借的悬顶之簧与身体诸关节的弹性反应相合，形成整体的、内外的开合感应。用手点点顶心，就是提醒练习者要顶心挂簧所致。

14问：站桩时间稍长便会感到颈部僵硬，甚至头痛，会不会与顶心挂簧的假想过重有关？

答：这是用意太执着所致，告诉你一个时间分配的原则：每体验一种精神假借的内容，几分钟则可，稍有点若有若无的体味就行了。这叫见好就收，就应该再换一种假借内容。以音乐为例，妙在委婉，如旋律、韵味和节奏，都成了一个点，一股劲，那还怎么听？练功也是同样的道理。

15问：技击桩的练习中，老师很注重我们胯部的收坐，可这胯的感觉又挺难把握的，能不能说详细讲解一下。

答：胯部是我们常讲的上盘下盘的交点位置，我参加过一些大型散打赛的技术统计，有一种感觉，绝大多数战绩好、技术全面的拳手，他们的胯部感觉都不错。在足球、拳击等项目上，情况也是这样。所以我认为，凡是胯部感觉差的拳手，他的整体技术水平不会高。不仅是技击桩，所有的桩势中，都应当注重胯部的体验。关键是承上启下的交折点，这是全身弹性感应的要点，这里承接充分，全身弹劲十足；这里反应机敏，全身启动高速；比较典型的要领就是站桩时，假借身后有一条弹簧杆，尾部轻轻坐上些劲，以减轻双腿对全身的支撑力，但又不可以坐实，形成似坐非坐、似站非站、似落非落、似起非起的矛盾状态。多加体验后，还会产生骑马似地欲腾欲跃又端正稳实的感觉。严格地讲，不必专门追求胯部体验，这是全身之法得当的必然感受。

16问：拳术中的弹簧劲是什么劲？我见过一些拳师在套路演示中运足劲全身振抖，手臂还能连续弹动数下，这是弹簧劲的动作吧？

答：意思大约是这样。关键是要由对方是否为我所制为准，如果只是自己计划中的这样一偏，再这么一抖发力，那就不充分，还有招式之嫌，如果对方在格斗中感到无论怎样招架格挡，都感到自身重心随时随处受制，都会被触接点振抖得难于自制，这种弹簧劲应当更贴近实际。

17问：我们在试力时，是感到手臂和全身都有了一些感觉，只是一与人对抗便又不对劲儿了，这是否因为试力不够？

答：要将所试之力的假借内容与实际对抗的体验经常对照，如果仅仅就拉簧而拉簧，就揉球而揉球，这样的假借之力就不合格。当然，真实对抗中的感受是复杂多样的，所以，需要耐心细致地将真实对抗的感觉与试力感觉挂钩、调整。假借毕竟只是手段，而调整自身良能来适应对抗才是目的。

18问：试力的动作很慢，站桩就更不动了，都说拳术讲求快打慢，我搞不懂这种关系？

答：对呀！是快打慢，这里指的是产生快的效果，就是讲有效的快，你那里挥拳如风，但距离不对，白快！你一秒钟出十拳，打不着对方就是瞎快。快在时机、火候、分寸那才叫快。对方是活物，谁能由着你快？对方也要快，要进退、要攻守，有上下虚实，这么多干扰摆在那里，兴许比你还快。试力，试什么呢？就是在试怎么快，从哪会儿快，这些方面搞不清，想快也快不起来。因为认真地琢磨怎样快，琢磨的越真切，外形上反而越慢，越显得不快。所以，看上去吞吞吐吐，肉肉乎乎，拖拖拉拉，所以叫行乎不得不止，止乎又不得不行。

这些都体验透了，快就快到点子上了，快到火候上了。对方感到防不胜防，猝不及防，那才叫快。有时看上去动作不快，但对方受不了，防守动作再快也挡不着，这是真快。凡有实战经验的拳手都明白。

19问：有时练发力，感到挺有劲，为什么用到人身上就不是那种劲，这是什么问题？

答：与上面的问题差不多。要害问题是试力的质量，常说是“拳打两不知”，指的是胜可知而不可为，实际对抗中最佳的诸般要素都十分恰到好处，仍很难做到十足的把握。只能尽量创造好自己能把握的条件，去捕捉需要对方提供的条件，对方不可能有意配合，所以有很大的偶然性，不追求不行，刻意追求也不行。在日常试力训练中，我们所假借的各项内容，无一不是实战中的情况演习。

我主张在试力和试发力中要审慎，不能随便，每一举动，都要明明白白，清清楚楚，只有反复校正，才能准确无误，才能恰到好处，恰到好处自然就可以稳、准、狠地打击对手了。比如，眼看就要着着实实地打中对方，对方后退时不慎脚下一绊，身体一歪，碰巧在你的最佳打击时机无意中做了修正，你发力出拳就肯定打折扣。对方的进退、格挡、闪避，都会干扰你。发力出拳的效果评价，最有资格评定的也是对方，你觉得很重，对方就是不倒，你觉着没怎么用劲，对方却倒了，这才算重了。“不期然而然，莫知至而至”。

20问：我还是不大懂，实战中的快和重与练习中的快和重的本质区别是什么？

答：所以强调体认嘛！这是贯穿整个练拳过程的问题，认识与实践的问题。我可以告诉你，老师讲的再精辟透彻，这只是老师的感受，不是你的，最终教会你的，就是你自己。

21问：老师常说我们站桩试力时“断了”，能否再说明一下？

答：只要没有出神入化的境地，练拳者都会出现“断”。具体讲，假借拉簧，首先要挂住簧，要拉上劲儿，拉尺许的过程，就可能有不同的感觉，启动时的感觉，动起来的感觉，停住时的感觉，转动簧的感觉，由拉簧转为送簧的感觉，送到位置停住的感觉，由送簧转到拉簧的感觉等诸多环节，都要真切、准确、均稳，否则就是“断了”，至于上中有下、进中有退、左中有右、静中有动，更会有断断续续的感觉。

22问：离开己身无物可求，执着己身永无是处，这不是很矛盾吗?

答：国外有的学生专门问过“浑元扩大，空洞无我”，怎么会成了一切力量之源呢?其实是因果的关系，与你所提的问题内容相同。音乐讲求知音，拳术同样需要对方的配合呼应，你身上的东西不行，人家揍你都揍不出水平。你本领特别，谁也不与你动手交流，你的本领便成了屠龙术，没实际意义了。细致地分析，首先要使自身重心、间架、整体协调、松紧配合基本得当，这是基础和本钱。但只是迷醉自身的内容，忽略实践和实践的效果，他掌握的技能便不完整。

23问：请论述一下“浑元扩大、空洞无我”这句话的含义。

答：格斗的情况是千变万化的，假借的容量也应当是广阔多元，无所不容的。中国古代一位神箭手，他的老师就要求他把虱子看成车轮大，这就是一种扩大。无我是一种境界，总是偏执自己的感受，这种存在就决定了局限性的认识。对于事物的忘情投入，必然会淡化对自身得失、利害、恩怨的注重。常说的生死置之度外，得失置之度外，就是指人的全部身心自然而然地进入状态，进入角色，这便是一种无我。无我，是似有似无，说没有我又知道自身的存在所为，说有我也是若实若虚，得意忘形。在站桩中常常会因为沉迷于柔风清泉的妙境之中而忘却时间。感受真切了，出神了，入去化境了，便无我了。

24问：能不能专门讲讲“空洞”二字?

答：空是相当深奥的。从字意看，空可以指什么都没有，空空如也。空又能够包容一切，正因为什么都没有，才可能什么都容纳。佛家讲“空”，道家讲“虚”。“致虚极，守静笃”，这六个字就概括了八千多卷的“道藏”。我们研究拳，可以通俗一些。练拳注重道法自然，以调动良能，能是本来就有的，现在不多了，哪儿去了?被不三不四不自然的东西挤掉了，名存实亡了。所以要清，要虚，要空。

俗话说，请神容易送神难。那些不适合人体本能，自然法则的内容，就像不受欢迎的客人，有时很会纠缠，不肯轻易离开。最好的办法是空，所谓穷在闹市无人问，富在深山有远亲。无所图，无所求，一无所有，自然就简单了。先空下来，身体内不合法则的内容便退化，退走了，因为你的收容标准从根本上变了，新的符合拳学法理的内容才会进来，旧的不去，新的不来。

25问：您是说只要空洞了，拳法精要的内容就会自然而然来了吗？

答：不尽然。凡是精奥的东西，没有来得容易的。我们采用精神假借就是一个精心设计、精心营造、循循善诱、因势利导的系统工程，合不合用，还要印证，要经过实际检验，就是合用了。还有个分化泛化的问题，就像产品的样品和批量生产一样。

26问：精神假借有神奇的功效，应用精神假借是否有一套程序？精神假借有多少种类？

答：如果说到程序，应当是循序渐进，应时而生，既登堂渐入室，又要求勿忘勿助长，还应当承认反复体认的必要性。已经体验并实践到的内容，也不可能一步到位，会有个几上几下、反反复复的过程。体验内容要对照设计，设计也有个不断改进的问题。精神假借有多少种？我想不会有准确的数字，这么说吧，有多少种拳术理论和实践情况，就会有多少种精神假借，而且只多不少。

27问：这种假借会不会形成想入非非出偏呢？像气功那样？

答：拳术中的假借不会像气功的出偏，它追求的是一般人都具备的能力发挥，正常而已。又时时对照对抗实践假借得来的东西，都有的放矢，有地方去，有用武之地。即使有人研究隔山打牛，只要打过擂台，也就不言自明了，不会出偏。

28问：听说空发力打人是有的，您说呢？

答：我理解的空劲放人，还是属于精神假借，是一种很有效的训练方法，空劲体验细微，很周全，很灵敏，但不是指真可以打人。我跟过不少全国性、国际性擂台赛，尚没有见过、也没听说过真上去参赛的。至于挥一挥手就倒下一队人马的展演，也就是图个生计，愿打愿挨！

29问：我们站平步桩时体验抱球在水中的精神假借，前后左右都可以假借水波荡过来，那么上下的外力怎么体验？

答：头顶有悬簧，足下有树根，全身就有了上下外应，无论前后左右，一动皆动。

30问：筋伸骨缩是指什么？

答：拳谚讲："筋伸力骨生锋棱。"拳术打击部位，大多选用骨骼端部，肌肉作功，是通过骨杠杆，经接触点施加于对方来实现的。筋伸力就是牵拉，骨生锋棱就是要发挥破坏作用。这么一伸一缩强调肌肉的主动和对抗肌的矛盾，强调神经系统兴奋与抑制的矛盾。

31问：筋伸与筋蓄力是否同一个意思呢？

答：内里有东西才有物可伸。伸，就要延伸，展开，是向外。蓄力便是外部有东西才有物可蓄。整体说，应当指内引外吸的矛盾开合，字意有区别，但不宜分而论之。

32问：遍体生棱角的体会很难懂，请详论。

答：棱角之说也不好单论，需要影响、牵动对方，就要处处生棱生钩，凡是对方要影响和牵动自己时，情况就不同了。可能是处处皆如滚珠，处处皆为虚空。这就要求练功精神假借中，身体处处点点都产生外延和牵挂感。

33问：棱角之感与滚珠之感不是很矛盾嘛？总不能在身体上边一个棱角，一粒滚珠吧？

答：不好做机械的表述。这是根据实际与可能的情况来设计的。在练习中应当先简单再复杂，先一般再特殊，不宜过于规范，更不宜一刀切。

34问：拳谱上讲“支点力滚丝”，是指体内真有滚丝还是指体外？是什么东西滚丝？丝怎么个滚法？

答：我反问一句，你踢过足球吧？有没有不慎踩在滚动的球上的体验？如果在静止状况下稳稳地、垂直地踩球，就比较容易站到球上。但是，即便你在球上站牢了，一旦球或者是人遇到突然的外力触击，那后果肯定比单纯站在平地上要严重得多。

35问：这个意思我多少明白些，只是坐球车和“支点力滚丝”好像还是有区别吧？

答：如果连续有许多人不断地在跑动中不慎踩到转动的球，那会是个什么情景呢？对，纷纷翻船落马，关键是猝不及防和不间断地变化……

36问：“支点”是指双方交触点，“滚丝”是指力的矛盾转换，这里强调的是精细而又高速的调整。对吗？

答：基本正确。补充一下，这种滚丝像滚簧，外力触点很难顶其中正，一触即锉，而滚丝却是滑滚绷弹，拧扭不已，即使外来之力如球如珠一样习滑多变，也能够从容化解，力争主动。当然，具体到练习中，这种体验必须由简及繁，由浅入深。更重要的是局部支力与双方整体感觉的关联程度，不可挂一漏万，本末倒置。

37问：您讲的是整体弹力吧？顺便问问遍体弹簧的问题，可以吗？

答：以上讲得是局部与整体的关系，支点是局部，但又不绝对，你在支点上失误就可能会一着不慎输掉全盘，这就成了整体。你对人家支点力滚丝，步步争到主动，一步直捣黄龙，局部的控制会瞬间转为对整体的控制。我理解的遍体弹簧是强调周身各个环节的调整配合，否则就会是得机不得手，得手不得势，局部与整体是互相关联、互相制约的。遍体弹簧，有触点反应的绷簧感，也有内部各个关节的综合矛盾感。以上讲的毕竟是一种精神假借，只有经常反复地与实践中复杂的情况变化结合体认，才能逐步产生遍体弹簧似一触即爆发的能力。

38问：听说有一种“雀难飞”的功法很高级，是专练一触即发的，能结合遍体弹簧的问题深谈一下吗？

答：“雀难飞”是桩动中的一种，拳谚讲“神机一动雀难飞”。顺过来讲，雀难飞的功法，练的就是神机一动，或者叫灵机一动。我们常见动物对外界突然刺激的反应就是一激灵。这种功法必须建立在周身松灵轻弹的基础上，否则，你假借的雀儿怎么扑腾也达不到效果。具体练法是以技击桩势，两手虚握拳，初练时假借双手虚握各持一只灵雀，要不使其失控。稍一疏神，雀儿便飞脱而去，握之过紧又会伤害雀儿。练到一定阶段，又可设想双手指尖系有细弹簧系住雀儿，雀飞簧弹，雀顿簧颤，静不得又动不得。这种功法应该说是对站桩、练步、试力、拉簧、揉球、内外感应的点睛之笔。更注入一丝灵变，是力由外引而发的诱因。需要说明的是，拳术基本功是一个完整的工程，不可以把哪一种功法搞成灵丹妙药似地神秘。动用双面胶骗人骗己则另当别论了。

39问：我见过一些武术专著讲“身备五弓”，讲“二争力”，是不是一回事儿？

答：拳术讲究“以身为拳”，推崇如鱼如蛇的整体开合力。这就要求培养身体产生互争感，所以也叫“弓”。弓的特点大约是弓背的两端互争而绷紧弓弦，使弓弦产生更大弹性，这种弹性能迅速复原并且弹性持久。所以，人体的特殊弹力也应产生于首尾相争的作用力和反作用力的矛盾交合。身备五弓，其实不止五弓，也是遍体弹簧似的意思，但起码要有首尾的互争开张，因此又有“力在首尾”之间的说法。

40问：争力主要是指身体互相之争吗？

答：人体各关节的互相作用是很复杂很特殊的关节合力，其功效绝不是简单的数学加法，而是个十分高级的几何级数的结果。并且，争力不可能只就自身而言，最终是内外互争，总不能只顾自己互争而忽略这种争的因果。

41问：您说的是指“力向身外求”吗？

答：完整地说，应当是“己身皆具备，反向身外求”。身内身外的争力，不可能一下子练到身上，也不是由一排到千万的规则排列，有一个内内外外、反反复复的过程，有一个互促互长、互为完善的过程。

42问：我们体验抱球、抱树的感觉，自身的松紧有不同的程度区分，是否有一定的标准？

答：人们常讲，只用几分劲，就是指松紧的分寸。这种分寸就以适当为度，以需要为度，以及时为度。在假借身外之力的时候，要细细揣摩体内松紧与外力松紧的相互作用，这也是不可能规定什么比例标准的。

43问：我们练试力，自以为比较充实了，为什么与人推手就感到不得劲呢？

答：问的好，关键是没对手时似乎得劲，一有对手便不得劲。要知道，试力是一个劲力体认的全过程，其结果只能以对手来验证，与对手抗衡势必要涉及重心、着力点、松紧度、时机、火候、进进退退、真真假假、虚虚实实，而且是双方相互争拼、互施诡诈的诸多问题，在一般的试力中当然是无法包容的，无论你想象力多么丰富，多么超前，也无法替代实践中的确切感受。所以，必须以基本功体验与实际对抗相互参照。

44问：推手对于实战对抗好像还是有距离，我看有的拳师推手不错，散打就不太灵光，这是怎么回事？

答：推手只是双人对抗的试力，不等于实战搏击本身，散打的水平最终是在散打实战中达到。但是，同样的，没有经过推手训练的散打好手也不适应推手对抗。我以为，在中国传统拳法中，站桩、试力、发力、练步、推手、散打是一个有机整体。一般的看，两三年就可以培训出比较像样子的散打选手，而相同的时间练推手，往往还是顶撞的水平，所以，单打一的练功，达不到拳术的高水准。

45问：我们在推手练习时，想以手臂触点来钩挂影响对方，可就是挂不上劲，应该是试力不到家的问题吧？

答：你只说对了一半，看过足球运动员贝利或马拉多纳带球过人吧？攻守双方并没有什么接触，但从效果上讲，实际上还是钩挂、牵动了对方。在推手中的钩挂效果，粗看上去是触点起作用，其实是双方全身心实力水平通过这个点来发挥作用。

46问：您的意思是不是说，推手的粘随柔顺不是最终目的，还是为了散打对抗的不招架只打一下？

答：有这个意思，但仅就搏击对抗而言，你的感觉层次、反应能力、控制能力都逐项领先于对方，就自然步步受制于你，主动与被动就决定了胜负。古人常讲："只有招架之力，并无还手之功"，就是这个意思。你可以观察一下优秀散打选手和民间技击高手，他们攻防并不一定很快，关键是有效，想逼就逼得住，想打就使对手闪不及。推手是这种控制与反控制的一种非常细致辅助手段。

仅仅为了健身，做做推手是满好的，如果是追求拳术的较高水平，我主张即便不参加散打比赛，常体验散打，对推手的提高还是很有必要的。

47问：能不能讲具体一些，纯练推手就提不高了吗？

答：单纯推手，很难体会到技击中的要义和法则，再加上一定的规则导向，很容易使推手的练习者只注重规则得分，而忽略推手的技击实质。比如：只顾逼退对方而不在乎自己的头部是否被威胁；为了不踩线出界而生顶硬撑，这种推手对武术技击而言，本末倒置，弊大利小。

48问：推手的技击性表现在什么地方？

答：先说明一下，推手的技击性，表现为两种形式：一是武术功法扎实，实搏经验丰富，可以根据对手的不同情况和对抗性质、程度，采用推手的方式来处理；二是在散打中发挥推手的细腻控制、分寸把握，使散打技能更全面，更充分。由于推手是武术技击基本功在散打之前的综合演练，很像棋手们的打谱功夫，对搏击中的时机、距离、角度，有充分细致的反复推敲。所以，我理解推手的推字，主要包含的是推敲的意思，是推理、推断的检验比较。如果只是你推动我退两步，我推动你退三步，就不免流于术的窄轨之中了。兵法云："多算则胜，少算则不胜。"推手贵在推算和推寻。

49问：推手不仅仅是推动，其要点应是什么呢？

答：推手的要点不限于是否能够把对方推出去、推出几丈开外。推手的精妙之处在于揣摩和判断，在于控制主动，在于制人而不制于人。而这些方面的要害是重心和松紧，人站在没有扶处的车上，如车平稳起动，均速行驶，这个人的重心和松紧就不会有什么问题；车子突然启动，高速行驶中不规律地猛然改变方向，或者骤然刹住，我想是没有谁还能保持重心和恰当调整松紧了。推手的控制与反控制比上面提到的例子还要复杂得多。推推拉拉，迫其顶顶拽拽，其中虚虚实实，进进退退，以推使其不得不顶，一顶便为我所拉。以拉使其不得不拽，一拽便为我所推。其怕顶怕拽，自受其制。依然为我所制。

50问：照您的论述，推手的主要目的是控制人而不是放人摔人了？

答：推是指向前向上的力量，而我们讲的推手是强调多元力，不是不放不摔，关键是怎么放怎么摔！只有控制，把握了对方，才谈得上摔人放人。足球界常讲，临门一脚，其实是怎样的临门一脚。是游刃有余的临门一脚，还是强弩之末的临门一脚，如果单论临门一脚，那就是不懂足球！这与打人放人是一个道理！

51问：您能不能讲讲推以外的控制形式？

答：似乎多余，但也无妨从形式区别的特点来强调一下主题。在双方触接的相互控制与反控制中，无外推、拉、抬、压、偏、挑；在松紧分寸的掌握上无外冲、振、稳、顺、惊、弹、炸、顿、刹、滑。在应用中没有规律，也没有顺序。

52问：我观察过一些推手高手，发现有一种现象：有的人控制变化很不错，但放人并不惊人漂亮，巧而不威，这是发力的问题吧？

答：应该说是功夫比较高的一个必经的阶段，但只要领悟到了揣摩和判断并控制对方的机妙，发力放人不必刻意追求，在时机条件碰对的瞬间激发是可以达到的。

53问：您讲过一种试发力，是不是"逗劲"？

答：是似逗非逗，试知深浅远近，试知重心间架，试知彼之松紧、进退，试知己之得失利弊。这有点像战争中的火力侦察，但又不仅限于探试。一旦知彼知己，得机得势，就不是"试"和"逗"了，当然，试而知彼处处得势，己之势不如人，就要善于随机顺势，创造胜机，巧设陷阱，再诱其就范。

54问：您是否认为，不试力不可以发力？

答：原则上是这样，但要区别对方的实力而言，有的人就吃那一套，你不用多控试逼诱便可得手。我们练拳术总不能只对单一技术、低水平的对手吧！试力是提高发力的必经之途。

55问：一般人是用手去推对方的躯干来发力，您的控制与发力都是大多通过小臂的某一点与对方招架的交点处来实现的，这是否必须？

答：不一定。“不招不架，只打一下”，他的确没有设防，中心要害明明摆在那里等打，你不打，非要找他的防守招架，这才莫名其妙！问题是“犯了招架，七下八下”，遇到周密的防范，很容易为其所纠缠，甚至反为对方所乘。一般的情况是控制其防线，瓦解防守，再直捣中门。高手就不必，就会以触点来撼其重心要害，使触点的前沿阵地的支撑干扰作用降到最低点。使触点控制由敲山震虎到伤筋动骨，使对方身不由己而倾其主力为前沿所制，达到自己对彼方牵一发而动全身。这时，他的招架便反为我用，这也算是诱敌深入的一种注释吧！

56问：您讲得挺好，做起来也不费劲，只是手搭手就能控制对方全身。我多年体验，总找不好局部与整体的关系，觉得很难摆脱对方招架防线的纠缠，问题在哪里？

答：由局部来通晓全局，是一种高层次、深层次的感觉，所谓由表及里，由此及彼。不要说由局部触接来影响控制对方，好的上乘的拳家，一个眼神就可以看透对方，看准对方，看住对方。你想想，如果仅仅隔着笼子看豹子和鹰，你盯着它的眼，再想想一旦数秒后笼子打开必与之相搏的体验，至少会使你不能不为其所制，为其所逼，想想都会紧张起来。你能使对方产生这样的感觉吗？

57问：原理是这样，具体手法、劲法能不能讲开、讲细致一些？

答：这反而难了，下棋讲究“无同局”，双方都在招架或半招架，甚至不招架的情况下斗智斗勇，斗机斗巧，其妙无穷，其妙在神，其妙在心，其妙在化。实在是不敢妄示包治百病的仙方，以免误人自误。

58问： 高手们的推手好像也不外是几种招数最为得意，您能不能概括一下？

答： 当敌左手在前、右手在后，以左势相逼，我亦以左势相迎截：左手指逼其中，右手封堵其左手，护住中线，随时调整我之重心间架，并保护自身整体松紧均整。当敌前手直推我中心，我应以右手小臂外侧略向前向内试以顶拧，诱其力直而外抗，如对方并不前扑冲进，我则稍加外引，使其略为迟疑，意惑则形滞，形滞则力摇，力摇则闪变，则神有微断，意有惑间，力有微散，瞬间而已，一迷则逝。如其顶力直而出尖，我右手臂先立格诱其重心在触点上着象，形成偏重，一待其力冒失，即刻顺势将右臂向外旋挂，然手须不离其中心，左手做相应的同幅同频变化，利用其力向突变的时间差，择机加发力，可使对方重心失衡而做被动性调整。此时，须不断破坏其被动之调整，促其陷于挣扎，再行发力……

59问： 您一直在讲定势不如变势。我问一下与对方的神意沟通吧！

答： 我们站桩就是不断体验身外身内的沟通。“一动无不动”，不光只是身内周全，更指身外的引因，这种动才有根由，有道理，具体要领都在书里，但必须善于与自身体认结合。

60问： 请教一个发力的问题，怎样体验“力如火药手如弹”？

答： 你放过鞭炮吗？二踢脚、麻雷子，待引捻燃到火药，纸筒骤然飞冲而去，尤其是手轻持二踢脚，那种脱手而出的感觉就是了。不高明的发力是像推车一样，力感在车上、手上、身上，并没有脱出去。你身上的力大部分被内耗，被干扰，被抵消掉了。再有，发力时机上的突然性，都要求砰然炸发，猝不及防。而且是双方的突发性，主动与被动的突发性。

61问：您能论述一下书中的发力练习再展开讲讲，可以吗？

答：首先要在站桩、试力练习中把自身整体，松紧与外界假借的内容联系起来。假设的情况基本上就是应用中的情况，所有这些，只能在真实对抗中获取，一方面是自身发力要领无误，另一方面是时机火候。发力练习中必须包括对方的调整、招架的因素，也可能是欲上先下，也可能欲上实上，也可能几上几下。这种上下应该是内在的，外形往往就是一下。所以，在发力练习中必须依假借的各种情况来把握分寸。记住，既然是借，就要有借有还，有借有还才能借大、借出根本，那时还得也大，最后完全占到主动。

62问：您对假借的解释有意思，我问一下精神放大的要点可以吗？

答：精神放大，也是精神放开，就是人体综合感官与外界的充分通联、交流、互应。

63问：我们练习发力总感到是在用力，看到老师的发力练习那么轻松，差距在哪里？

答：这个问题，其实我已经讲过，都说是打人如拍球，人在遇到外力逼近打击时，会不同程度地做相应的反弹反应，就像鼓足气的皮球，一敲就跳。拍球的人，当然要根据球的弹性程度来运作，把这个规律搞懂了，你最终会确认，放人的确很像拍皮球。不过，人毕竟是人，不是皮球，你们可以从拍皮球中间来体味这种感觉，找到规律，拍人肯定比拍球要复杂一些，这一点千万别误会。

64问：所谓“周身鼓荡”应当是指发力时的状态吧？

答：应当是发力时必须具备的一种状态，就像斗鱼进入格斗状态时的周身鳞甲鼓舞，斗鸡的羽毛炸立，再加上声由内振的刺激，使格斗者处于周身鼓荡的激昂状态，这才具备了一触即发的临界状态。

65问：在半推半断的控制过程中，常常会有一种失控的脱点现象，是柔化不够吧？

答：这与足球、篮球运动员一对一，进攻与防守的较量很相像，如果只是一厢情愿地左晃右进是很难奏效的。武术拳法的许多招法都很妙，一旦真拼起来，相同的招式，有人屡试屡验、百发百中，有的人却可能正好撞到人家枪口上。问题当然是刚柔并济的，但具体怎样刚、怎样柔，比例如何，就不可能定规了。

66问：常听说要不即不离，不丢不顶，是不是指不能脱点？

答：你各项要领都适当，就会处于一种舒适的状态，制人而不制于人的状态。对方稍有不当，你当即可以不假思索地乘虚而入，他脱他的。所以，只要自己得当，脱点与否不是什么问题。死活不脱点不一定占主动，脱了点不一定就被动。我当然不是提倡脱点，关键是有更重要的重点要注意，围绕重点讲不脱点。还要紧扣目标和目的，达到效果来讲相对不脱点。

67问：如果不练拳术基本功，只从事体能和速度训练，加上多推多打，应该也很厉害吧？

答：武术本身就是实践—理论—实践反反复复的漫长过程，怎么能偏废一方呢？

68问：我是指一些现代手段的专项训练，比如躲闪高速飞出的小球，或者是电脑控制的搏击对练器等，这不矛盾吧？

答：用速度快的小球练闪躲未尝不可，但对抗的内在变化太微妙，至少还要有间架、重心的要求。再者，对方出击的欲出非出、虚虚实实的时机分寸是很难用几个小球来顶替的，至多是一种辅助手段。机器人的道理与这大同小异。在一定时期内不易代替拳意功法。

69问：许多拳击、散打的教练员在训练选手时都采用相当的肌肉训练，这与您讲的训练理论是不同的，您怎么看？

答：这就是肌肉动源的因果关系了。肌肉是牵动骨骼杠杆做功的，我的书中已做过讲述，重要的是怎样来训练和培养肌肉。同样是运动员，不同项目的选手，他的肌肉类型肯定是不相同的，不同类型的肌肉才能适应不同原因、不同目标、不同方式、不同结果的不同要求。而这首先反映在不同意感、不同刺激、不同程度的神经反射支配上面，不是要不要肌肉训练的问题，关键是怎样恰当地根据实际需要，有的放矢地训练肌肉，使用肌肉。

70问：能不能具体讲几种适当的训练肌肉方法呢？

答：一种是改进和完善训练器材，使器材功能接近实战情况，再就是细致合理地使用精神假借手段。当然，实施起来必须有专门行家指导，这很难用几页文字来概括。

71问：我们一般在推手中总习惯用小臂上端和腕部来控制对方，而到推到人的时候还是要用手来推，而老师的手、腕、小臂却像蛇一样，几个部位都可以自如运用，请详细讲一下吧。

答：要点有三，书中都提到过，我再强调一下。一是无论怎么变化，总有一只手要不离对方中线，并且随时伺机而入；二是双方交触点上，时时处处斜正互为，这些点的选择是对方不能不防守的点，又是对方不能不进犯的路线，这才能使其很难摆脱被动；三是在守中用中的基础上，要诱迫对方不得已而动中，就对方而言，不动而失为小动，小动而失为大动，不得不动，一动再动，不得已而为我所动。

72问：我们推手中一得机会便发力，但往往效果并不大，又无法再扩大战果，为什么？

答：这是因为对方虽然在间架上出现问题，给你提供了攻击的机会，但他就整体而言，并没有伤及元气和根基，还可以调整，反击。所以，要求你具备制服对方层层防守、抵抗、突然反击或者退却保全的综合整体意识和能力。

73问：我在推手中常常遭到对手的拉扯，该怎么办？

答：这是练习推手过程中初级阶段常遇到的问题，待到你在点上的控制能力提高，调整刁变，发力疾炸，对方就很难抓扯，拉上了也照样会出去。另外，推手的攻防间架，一定要严格遵循散打的要领，避免对手有意无意的突袭伤害，这非常重要。你就是重视了，小心了，也肯定要吃过不少苦头才会真正掌握的。

74问：推手中的发力与散打中的发力是不是有区别？是怎样的区别？

答：我感觉是差不多的。一般认为推手的发力是发放型的，散打中的发力讲求惊炸、刁冷、刹车的钻透性。而拳术的发力应当是长短兼容，打变皆通，当如何便如何，推手、搭手的招架才会发展到最后的不招不架。

75问：我看老师练习发力并不费劲，看上去还挺舒服，为什么放人反而会产生惊人效果呢？

答：这个问题，其实已解释过。发力最终要施加于对象，还要找准重心，松紧度的时机，这是极微妙精巧的，所以先要把这些要素搞清楚，搞顺，顺了就显得舒服。放人时，只要是诸般因素都对头，摔个把人是不应大费干戈的。“难者不会，会者不难。”

76问：推手中的“指”，是不是要求总有一只手指着对方中线？

答：不完全对。用手去指，不过是个形式而已，关键是逼指，手可以指，腕可以指，臂端的点可以指，肘与肩均可以指，头与胸也可以指，上手指，步法也要指。

77问：是否是说，要始终向前威逼对方？

答：不。进进退退、左左右右之中，都要指对方中线所在。不单向前指。

78问：老师讲的“指”，也不单是直来直去地指对方吧？

答：对。从点上讲是直指，但从曲折面积的三角螺旋来讲，对方的感受却不是直的，不顶你的点的指向不行，真顶又顶不到点上。

79问：关于听劲的问题，练习中都有哪几个过程呢？

答：第一凝神，第二要搭准，第三要通达，第四要应合。还要讲松鼠的例子，神经都长到外面的感觉就是凝神。听劲的通常途径是双方搭接的点，搭准并不仅是说点上不离，而是指要调准接收频率，把对方的有关数据状况输入自己的控制；形成通达的标准是指对彼方各项数据的收容分析；这还不够，自己的相应反应要完全呼应，成为一体，这才算是听的整个过程。

80问：我看到有些传授推手的老师，以明显重心靠前的弓箭步来用于推手，这对吗？

答：你指的是他们的示范演示吧？真正对抗时就是另一回事儿了，功底很好的练家，有时为了示人，可以把动作做得典型一些，但前后重心的原则是必须搞清楚的。

81问：拳术中常讲单重与双重，要点是什么呢？

答：于人于己，合论唯一。

82问：守中用中的要点呢？

答：一。

83问：我觉得单推手变化余地很有限，是否可以在双推手中包含单推手？

答：象棋格局中，形似简单局部较量往往更吃功夫，功莫以其善小而不为之。但双推手练习中也确实离不开单推手的基础。有些拳师双推手有几分样子了，双推手却代替不了单推手，别看推手中双手变来变去，直正控制放人的基本还是单推手的东西。

84问：推手中的打轮划圈就是运动的轨迹线，这与老师讲的点、指力是怎样的关系？

答：线是由许多的点组成的，每个点又可以因指向的变化而转分出新的线迹。双方对抗打轮的轨迹线，看上去是不断地重复着同一固定的路线。实质上，每次线轨都绝不相同，线是由点决定的，点由于指而内应内变，指又因线的范围而发生。

85问：能不能讲解一下三角力、螺旋力和缠丝劲呢？

答：这个问题的实质是力学原则，是杠杆、坡面、螺旋的应用。一般来讲，人体对抗就是一组杠杆，双方的重心点各为一点，与双方触接的交点形成三个点，分别为动力点、支点和阻力点。然而，人体的情况要复杂和精巧的多，从某种意义上讲，是杠杆、斜面、螺旋、滑轮的综合应用，同时也是作用力与反作用力的恰当结合。三角力是较为典型的杠杆运用，也是斜面利弊的合理调整。螺旋力、缠丝劲则是在三角力基础上，巧妙运用作用力与反作用力的增加作功效率的创造。我们通过支点将力作用于对方重心阻力，经过训练的对手往往不给你提供恰当的支点，既便有了这样的支点，对方还可以变化重心，或使你杠不上阻力，劳而无功。或者反客为主，使你由主动变为被动。这里起作用的重要因素就是巧用反作用力。

86问：我们对抗中也尽量以手臂缠拧，但只是钻开对方间架或缓解对方威胁，很难真正控制对方的重心，问题出在哪里？

答：如果仅仅以手臂来旋缠，会有几方面的问题，一是忽略了螺旋过程中点的作用；二是忘记了三角力的杠杆要素；三是偏执于局部纠缠，失去了以身为拳、以身为旋的根本；四是作用力与反作用力的分寸调节。缠丝，应当是全身形成弹簧的水平直线向心缠紧，在点上便形成了强大的反向扭力，只不过由于双方处于力的平衡状态，缠丝劲形不成做功，只要对方没化解你的指向力，就算是形成杠杆三要素的条件。在对抗中，这种形态是难有做为的状态，但对方在你的拧簧螺旋的影响下，外形无甚变化，而内应的反作用力却会形成一导即应的诱导趋向。这种条件下：一是要在原来的力的指向上稍加突然惊动，迫其反抗力突破临限界度，最后预备队提前反扑，重心稍有前冲的瞬间，误差出现；二是在这一刹即将力点突做相反转变，及时而充分利用对方反作用力和自身转向后的作用力。用得恰当时，对抗的双方都会对这种力的发生的结果，大感意外才对。

87问：反作用力的形成是否属于假动作的诱发呢?

答：没有作用力就没有反作用力。但具体到人体的对抗方面，我认为这条原理会有它的特殊性。这就是神经活动的特殊性。对抗双方会因精神意感的控制差异而产生主动与被动，但这是相当高层次的内容。

88问：我们施加作用力与对手时，所产生的反作用力却是我所难以利用的，这里有什么特别的讲究吗?

答：不要认为作用力的施加就应当处于主动，反作用力的产生就会形成被动。作用力与反作用力的产生是同时的，但未必只发生一次，重要的是培训和创造控制对方的必备条件。你可以根据这个道理再仔细看看书中的要领。

89问：请再谈谈推手中的步法，可以吧?

答：步法是拳法中的以身为拳的基点。我认为整体力的产生是人体的胯部为轴点，首尾相争开合所致，这种力通过脚对地面的作用形成反作用力，而这种作功又必须适合在脚步的移动中体现。尤其是对方在对抗条件下不断地向你用力，干扰你的判断和反应，破坏你的重心，这就使你不可能从容定步地做变化，只有以步为拳。所谓一动无不动，就这个角度来讲，也可以把推手看做是推步。其实，是手、眼、身、法、步的综合推敲。

90问：拳法中多有步法的论述，可我看在推手、散打的应用中好像就是一进一退，一直一转，一蹦一跳，是不是呢?

答：所谓步法，贵在调整，同样是虚中实、实中虚，平常练习理应有板有眼，可以有章有法，有招有势，但一定要有情况的假借，比如偷步、环切步。练习时就不能只局限于一种或几种情况，应当是无限无极的变化，因对方的因素是无限变化的，无法做任何规定的。

91问：优秀的技击家，无论拳击还是散打，还是泰国拳的高手，他们的距离感、重心感、整体协调、发力火候都是上乘的，他们是否也都经过您所讲的推敲训练呢？

答：不一定。我相信熟能生巧，这是个知行观的老问题，我也确认，熟能生巧，而巧熟应当更巧。同样讲一个熟字，从木柴到煤炭，从燃气到电，同样讲一个熟字，从架火烤到煎、炸、煮、炒，从铁锅、高压锅到微波炉，这都没有只满足于熟巧，还要算计省时省力省钱省物。把话拉回来，优秀拳手既便通过丰富实践掌握了机巧奥妙，也会必然得到上乘的理性参悟，也会回首感慨对拳理拳性相识恨晚的。

92问：听说武林前辈有一种“丹田气打”，不会仅仅是鼓腹而为吧？

答：你说的是指老一辈所论“头、肩、肘、手、胯、膝、足”合称十三处打法，加上所谓“臀尾”共为十四处打法。拳经有论“肋腹打去意沾阴，好似还弓一力精，丹田久练灵根本，五行合一显奇能”，更有“十四处打法，俱不脱丹田之气”的说法。我理解应是周身协调若一的基础上，以下腹圆话与横隔相呼应的矛盾，带动全体关节争弹反应，似为一口丹田气打，实为意中力内外争合。当然不单是鼓足小肚子不怕打之类的功夫了。

93问：能否讲讲臀尾打？

答：一些专论也研究“形意拳形之竖尾”，王芗斋先生讲“力在首尾之间”，强调的是互争。至于有些人理解的“护尾和用尾”，那也是偏重于形的认识了。其实，许多动物在日常生活和应敌时都会有尾部的反应，不应把尾巴的动作与它的整体行为分开来单论。我认为“摇头摆尾”是包括人类的生灵的神经反射的自然协调的反应，非拳术修炼之精深，勿与之谈论什么“头打、臀尾打”。

94问：力在首尾，怎么练呢？

答：循序周全而已。勿助长。

95问：但是，人没有尾巴了，头还可以摇摇的，却无尾可摆啦，是否指意感呢？

答：摇头也是意感为主，这里要注意齿微切、耳竖尖的细节。至于尾的感觉，可以多看水中鱼、墙头猫，会有所悟的，关键是神意。

96问：我还是想再了解一下首尾练法的科学依据，可以吗？

答：许多机敏力大的动物都有尾巴，人最原始的进化期也有尾巴，这很能表明尾巴是动物、鱼类、鸟类的自然生存的必然产物。我想过，尾巴一定很重要，重在哪里？恐怕不仅仅是保持身体平衡、赶赶虫蝇这些功能。得意舒畅时就会摇头摆尾，紧张丧气时就会夹起尾巴来。拳谚讲“前手打人，后手使劲”，我感到，若以身为拳而论，则应是“前头打人，后尾使劲”更贴切。

97问：人早已经没有尾巴了，再提用尾巴只是意感而已，这有什么依据呢？

答：从运动解剖的角度来理解，人的尾巴虽然就形来讲是不存在了。但作为中枢骨干，其指挥调动功能是不可能从大脑皮质区的控制系统中完全消失，彻底抹净的。所以，我认为努力调动，发挥尾巴功能，是真正充分发挥人体原始良能的至关重要的环节。在这方面我有亲自体验，收获极大，但更细微的研究还很不够，还需要专门学科的研究，体认才可能真正搞清楚。

98问：我好像听您讲过，双方攻防对抗，有一种“密码破译”的情况，能否讲讲？

答：兵法云“兵贵神速”，妙在一个“神”字，神鬼莫测。如果我只强调“速”，快出个光速来，但对方提前知道，早有准备，这种“速”就不“贵”了。贵在神速，贵在不知不防。所谓“拳打人不知”是一个意思。作为通家，双方都是这样的追求和修炼，这就使外形语言减少，自身内部的指挥协调信号就形成了密码。要在攻防对抗中争得主动，一定首先能破译对方的“密码”，达到“人不知我，我独知人”的程度，就奠定了主动的基础。但是，有破译，就有反破译，密码也分密级，也可以调整变化。破译也贵在神速。最早的密破工作是对隐语，是手查笔算。现代高科技手段是大型计算机的高速运算，瞬间即知其中奥秘，瞬间就可以决定千军万马的主动与被动，生与死。所谓“行家一伸手，便知有没有”，应当指对敌方的密码破译掌握了没有，武术贵在神意为先，其实就是这层含义。

99问：听您这么讲，运用精神假借的试力训练就是一种试探破译吧？

答：试力不仅是密码破译，它是一套包括捕捉信号、分析密码、掌握秘密、把握规律、调整对策、精确反应、控制主动、防范应变的系统攻防工程。当然，这都不可能脱离实战检验而独立发展。

100问：问一个四两破千斤的问题，四两怎样来破千斤呢？是巧胜的典型论例吧？

答：千斤对四两，猛一比较，优劣似乎已成定局。我们不妨做一个细致地剖析，从而论证，矛盾着的双方，依一定的条件，向相反的方向转化的原理。千斤之动，有其利，亦有其弊，其之弊为大动，虽势重而起缓落徐，少刁转。四两之动，有其弊，亦有其利，其利为小动，虽势轻而起疾落定，多灵变。就双方实力而言，无论体重，还是本力，都不至于是四两与千斤的差距，然而，在投入兵力的运筹与实施方面却完全可能有这么大的差距。此类情况更多见于古今兵法之典型战例。拳术较量中，对方由于盲目和蛮勇，往往以重势逞威、以置本末于不顾，而孤注一掷。作为我方，最重要的不在于兵多将广，而在于调配得当。只要示形示意误导对方主攻方向，保存主力随时待机而动；只须少量的部局，投入精确的有效的控制，对其侧斜又是要害的环节部位突做威胁，便可以捅到其痒痛而牵引重心。彼虽力大势重，然难得要领，终陷被动受制于我。当然，双方对搏，智勇全面较量，绝非一个四两巧破千斤就能概括的，听起来轻巧，真动作起来其实是极凶险的，一招不慎，血本无归，千万要审慎而为！

101问：请解释一下断手的含义。

答：双方以武力较量，其实是智勇的较量，自古兴兵极重妙算，讲求运筹推敲。我前边讲到推手的理解就是指这层含义。推手又不单是形式上的比划，双方一对阵，未接手就有较量：胆量、勇气、体能、反应、心智、功力、韧度、速度等。真正高水平的对手，要胜券在握再审慎举兵，非万不得已不可弄险。推算，是每一位武术技击家所必须注重的基本程序。然而，有推算就要决断，推只是推，最后决定的还是断，断就出了分明。断不是一捶子买卖，一下子完了。推导断、断修推、推为知、断为行。不知不冒行，不行终未知。人断已不断。

102问：您的书中似乎是反对空手夺白刃的，那武术技击能不能徒手对刀剑呢？

答：古人称“寸铁为凶”，很有道理。徒手相搏，在一般情况下属于互制的范围，还有分寸可言，一旦持刀，情况就大不同了。我读过不少空手夺刀的论作，大都是从技术上讲的。我经历过徒手对白刃，对手是有经验的。我也从多种角度向善于玩刀子的好手请教过，深感空手夺刀是极为凶险的，一是不明持刀者的水准，二是不明持刀者的目的，三是无法把握拼搏中的规律，极易成为原始兽性的无理性的生死惨斗。电影、小说、表演中的漂亮场面和票房效益是他们的事情，面对持刀者别无它择却是自己的事情。我还是这样认为，但凡有器械，有可借用的任何物件，一定以眼还眼，以牙还牙，千万不必为空手夺刀而去空手夺刀。

103问：常有名家讲授一人对多人的技击法，您能教吗？

答：不好说，浩渺武林，藏龙卧虎，深不可测。且不说能人背后有能人，就算是我胜几次的对手，下一次仍是胜可知而不可为。只能就一般情况来讲一般的原则。无外是避免腹背受敌，同时受敌，善用地势环境，利用数人不易沟通协调的空隙，先易后难，先弱后强，机动无定，一击必使重创等，不敢专教一人对多人的技法。关键是切实掌握技击基本功，先老老实实练好一个对一个的技击术。

104问：有许多世外高人的说法，就是说还有深得秘法真传的绝技高手尚未出山，他们的水准比现时的技击选手高出很多，会吗？

答：可能性很小。任何武术技击功法，脱离开广泛的实践交流，胜负荣辱，是无法生存发展的。即便是水准很高的名家，长期没有这种实践的条件，也会不适应的。

105问：有的书上讲，止戈为武。武的含义是休戚干戈吗？

答：我以为不是。“止”字是“足”字的演变，武的含义是“慎为干戈”，是强调分寸，无论武本身，还是指动武，都贵在分寸，贵在适度为之。

106问：有一种观点，练技击不必练套路，练套路是中看不中用的花架子？

答：我自幼练过套路，后来也练摔跤、拳击，也专攻站桩，也练散打，与套路的著名教练和散打的著名教练多有交往，与不少民间拳派的传人也很熟悉，所以，自认有点发言权。作为训练手段的重要环节、套路，尤其是长拳，对于技击的训练有非常的作用。当然，参加套路比赛，旨在依循规则，面对裁判，力求高分。这种前提下练套路的主要目的必须服从规则，服从比赛。如论技击，则以对抗形式的规则为准则。要讲决死格斗就又是一种标准了。套路的许多基本功都是实战中所必须具备的，演练套路的节奏感、连贯性、动作协调性，都是实战中的优越条件，套路出色又同时从事散打训练的拳手，往往较单纯练散打的队员具备优势。但是，不从事散打的专门练习，套路选手的空拳力度，精气神的把握，也会做不到家。

107问：大家都知道，泰国拳是一种很厉害的实用拳术，您能讲讲它与中国武术散打的比较吗？

答：大家看到泰国职业拳手与中国散打冠军的真实较量，总体感觉是泰拳实力好，抗击打，功底好，注重杀伤性和控制力，散打技法好。比较起来有几方面的不同，一是规则不同，二是场地不同，三是目的不同，四是技法不同，五是精神状态、心理调节不同。

108问：这些年，国际国内职业搏击大兴其道，综合格斗如日中天，您是这个项目的标志性引领者，请仅从技术层面谈谈见解。

答：中国武功的技击原则是“一击必杀，拳不过三”，与实战最贴近，科学内涵更精道。无论散打、泰拳、自由搏击、跆拳道都属现代体育竞技，都侧重于计点数得分数，留出了人为左右比赛结果的空间，由此也产生了背离技击宗旨的另类，诸如：消极耗持，莫名游荡，得分即妥，单纯缠抱等功利性技法体系。且不论生死为本的格斗被利益勒索变性，扭曲了威武尊严的武者心志，也不论千年传承的武艺原则、原理和规律，居然遭国人迷茫困惑，感慨路在何方；仅依硬道理市场生存的底线，就必须在中华武艺博大精深的共识和旗帜下，更加强大，更加完美。

综合格斗的国家认同推启，从2005年始，基于1998年的武术搏击实验系列赛，到2000年散打王争霸赛，其间积极引入泰拳和自由搏击，逐渐形成相当规模的综合格斗职业联赛，使得武术擂台技术本质和产业地位都大为提升。

英雄需要用武之地，我作为钻研技击50余年的国家专职武术工作者，尽责而已。

附录

拳拳服膺，拳拳之忱

附录二

致谢

数十载终于为自己的努力做一段归纳
脑海中时刻浮现或明或暗的名字

——录列感念为敬

尊敬：

徐　才　张耀庭　李　杰　王筱麟　高小军　张秋平

杨绍庚　卜恩富　敖实朋　吴子珍　韩嗣煌　于永年

张正中　窦世明　李见宇

诚敬：

翟风岗　李连杰　孙德君　曾凡安　车俊青　杜　珉

梁加立　陈顺葆　李海波　唐季礼　梁　刚　于小鹏

付华阳　商廷民　李敏生　马文国　惠爱国　樊庆斌

王金铭　白金甲　赵绪泉　薄家聪　王选杰　肖光光

苏新民　鲁平平　赵岩峰（女）　金桐华　宋世雄

韩乔生　徐　睿　林肇仑　叶清敏　哈国英（女）

郑裕篆　柳海龙　陈亚斌　庞钰（女）　韩　峰

致敬：

王玉龙　陈国荣　张玉萍（女）　邵世伟　杨战旗
周金彪　袁镇澜　王友唐　李平（女）　张　旭
宝力高　韩　峰　张　巍　张友峰　崔　培　管建民
张根学　赵学军　高美涧　朱瑞琪　刘　德　宋彦海
娄光平　杨保群　刘　刚　郎　武　刘普亮　孙保增
李晓秋　于志波　于万岭　李建平　刘海科　杨玉峰
马　雷　杜振高　王　汉　李印东　李耀章　马学智
李俊峰　阮　伟　毕幼宁　崔瑞彬　姚承光　姚承荣
马朝东　贾伟涛　邢志杰　牛　飞　王　汉　钟紫君（女）

是敬：

张卫东（美国）　柳　健　张　炯　张昕（女）　张劲松
张　猛　王松海　王　涛　王庆孝　谢永广　张勇谋
李秀发（马来西亚）　李春发（新加坡）　曾云（新加坡）
李宇晗　谢锡麟（马来西亚）　赵利勇　赵宏云　陈明臻
焦建平　杨月龙　杨宝忠　杨建平　敖海林　唐金（女）
智利（女）周芳（女）陆岩　金杨眉　檀俊强　吴艳旭
马　欣　白小宝　孙新峰　刘大量　郑环宇　孙庆丰
马丁·迈克（新西兰）　毕思安（美国）　张宝金
牛　静　姜　华　付　彪　刘国琪　鲁　涛　李国燕
刘学文　张兴正　尤邦孟　蔡忠林　张文生　车俊青
杨威严　林志豪　刘秀一　温　力　叶　春　马中轩
罗卫民　李金声　刘力印　李小军　杨　勇　涂　彬
惠爱国　张明哲　庞国良　党小林　武小南　陈兴宏
张　岩　张宏林　李大力　王明远　薛嗣奇　贺　荣
关英超　杨振杰　梁贵斌　尚有福　苏振华　马建峰
韩竞生　杨燕姬　崔福山　朱婷（女）　曾静（女）　赵卓扬

附录二

意拳人物谱

郭云深 名峪生，河北深县马庄人，清朝末年武术名家，以半步崩拳打天下。

洪绪茹 习练弹腿、形意拳，著名武术家。

王芗斋 1885年生于河北深县魏家林，名政和，又名尼宝，字宇僧，晚年自号“矛盾老人”。一代意拳宗师。

姚宗勋 著名武术家。曾任“北京市武术协会意拳研究会”第一任会长，曾被聘为北京市武术协会顾问，为意拳的研究和推广做出了杰出的贡献。

一、王芗斋传

姚宗勋（继芗） 赵恩庆（道新）

卜恩富（道魁） 韩星桥（道宽）

张恩桐（道德） 赵逢尧（道宏）

王道庄（子） 王道南（子）

王玉芳（女） 王玉白（女）

齐执度 周子岩 章殿卿 高振东 裘稚和

顾小痴 马骐昌 郑志崧 苗春畬 张宗慧

赵佐尧　刘汇臣　尤彭熙　张长义　张长信
韩星垣　王叔和　马建超　宁大椿　黄寿亭
杨德茂　李永倧　敖硕鹏　张　中　张　孚
窦世明　王玉祥　王斌魁　杨绍庚　王十川
孔庆海　窦伯祥　窦以銮　汤汝琨　马骥良
李文涛　李见宇　李永良　赵华舫　姚海川
梁　揖　雷天一　罗少峰　马玉青　赵中原
礼　立　朱垚葶　程志灏　郑朝向　王天铄
窦世成　敖硕鸿　敖硕良　佟国藻　焦金刚
张　克　泽井健一（日本）孙闻青　秦重三
胡耀贞　陈海亭　于永年　步毓昆　王少兰
郭连荫　袁敬泉　李　兴　韩嗣煌　秘静克
刘阶平　庞桂林　何镜宇　何镜平　周秉谦
安耀先　孙阔泉　管筱文　王泽民　卢正文
陈　璧　郑　文　吴振法　赵宴升

二、姚宗勋传

1940年代： 许汝海

1950年代： 王选杰　白金甲　赵续泉　王铁成　欧阳诚

1960年代： 张鸿诚　薄家骢　王金铭　姚承光　姚承荣
刘普雷　江上虹　周北进　欧阳明　王书文
周振明　施　英　丁　一　李　林　李长庆
李　麟　郭贵志　李世铁　李世钢　李朴生
徐耀寰　牛宝贵　王永海　乔氏姐妹

1970年代： 霍震寰　崔瑞彬　吴燮煦　张湘衡　李鸿慈
徐志军　尚金堂　林肇伦　郑洪亮　张增瑞

张国奎　张天宽　鲍永刚　魏玉柱　洪启钟
郭照辉　门殿利　刘宝兴　刘宝财　夏成群
白学政　武小南　李鸿锦　孙长芙　王宝君
王克俭　朱洪英　李文魁　华再贵　崔玉森
曾纪元　刘承道　佟　厚　周成江　刘　云
卢　祥　徐焕光

1980年代：

张文献　张可钟　马福秋　崔福山　贾小英
剧世元　吕香水　高长友　章长征　彭振镐
马志江　薛嗣奇　燕克强　姜春龙　支怀春
何光培　郭福林　郑福歧　孙家福　张明哲
蔡文玉　马朝东　马龙骧　张树芳　赵岩峰
邢大明　周凤鸣　李德林　沈继良　党雪田
张结实　贺仲晨

学习养生者：

司徒柱　江　平　彭光涵　杨献壁　杨志德
孙继德　于仙贵　贾金鼎　刘敬仁　焦国瑞
姚　明 等

接受指导者：

张立德　孙连兴　崔有成　王永祥　王永立
于国权　张　宏　章长旺　夏成祥　李　平
刘耀茂　程　岩　郑继东　梁贵斌　宋彦海
杨振杰　杨保群 等

（遗漏难免，尚乞见谅）

附录二

师徒简介

刘普雷 祖籍广东中山，为军旅世家，德祖为清代武探花。自幼喜刀棍而体弱性顽。13岁起投北京武术教练吴彬先生习练长拳，后师从四民武术社吴先生、健身武术社傅先生学习六合拳、龙虎罗汉拳。

其间与拳友练习中国摔跤及西洋拳击，亦有所得。16岁时与拳友共访意拳王金铭先生，惊叹其功力而开始学习站桩，姚宗勋先生多有指教。3个月后，1967年夏7月由王金铭师兄引荐姚宗勋先生处，正式练习意拳。

姚宗勋 浙江杭州人，自幼孤苦、寄居北京，然生性机敏、身手不俗，在诸如篮排、足球等现代体育方面均有很好的水准。因向往过人之武功，投师京城弹腿名家洪绪如先生，经数载苦练，已然出类拔萃。1937年，意拳宗师王芗斋先生以绝妙武功收服了前来比试的洪绪如先生，为人浑厚朴实的洪先生即率自己门下的数名高足一起向王老拜师，姚宗勋先生亦在其中。姚师身随王芗斋先生门下，而内心并未诚服，被芗老看破心思，特邀试手，结果一触即腾身飞撞出去。从此专心无二，以全部身心投入意拳。姚师已具较深之武功基础，又通晓多项现代体育，更独具大学历史专业之学历，在芗老门下如鱼得水，进步非凡。

20世纪40年代初，姚师不仅代师传艺，亦常受芗老委托接待来访各路高手，名重一时，深得芗老喜爱，赐名继芗，视若己出。姚师在世之时，我常常目睹芗老当年的多名弟子对姚师的敬重和赞誉，对于这些情景始终不能忘怀。“文革”时期姚师举家迫迁京郊昌平，但对武术钻研创新、对意拳的推广与发展却从未丧失信心。1979年，姚师全家返京，武术也更加得到国家的提倡，为了适应这样的好形势，姚师一面与国家体委科研所、北京体委科研所合作开拓意拳功法与现代竞技体育训练的结合之路，一面聚集数名功底较好的入室弟子在先农坛体育基地开始针对搏击对抗赛的集训，主要成员有：刘普雷、崔瑞彬、姚承光、武小南、高长有、孙加福、张长征、姚承荣等；在这期间，姚师专请卜恩富师伯多次辅导训练，卜师伯的西洋拳击与中国式摔跤功夫上乘，对我们训练提高，帮助极大。敖石朋、韩樵师伯、窦世明、杨绍庚师叔等都有详尽指导，受益匪浅。常来辅助训练的还有白金甲、薄家聪、林肇仑等各位师兄。这些都大大促进了我们的训练质量。先农坛时期的意拳集训，无疑是意拳发展中重要的一环。

更有意义的是：姚师倾心于意拳与现代竞技体育训练的溶合，曾经与北京射击队、田径队、举重队、少年足球队等部分教练员、运动员都进行了为期数年的专项合作。值得一提的是与北京著名铁饼运动员李伟男及其教练签订了为期4个月的突破60米大关试验合作协议，结果是李伟男在这两个月后达到了预期目标。再就是姚师应邀为当时由曾雪麟先生执教的中国足球队专门做了意拳原理与足球训练的讲座，深受欢迎。尽管这种有效的合作因姚师重病去逝，没能持续下来，但这种以传统武术训练原理积极参与现代竞技体育的举动，仍不失为武术发展耀眼的一页。

逝者如斯，姚师音容笑貌，举手投足之神情时时显现如生，念及先师生前不敢一日有懈，辱没师门。更不能据功为私、误人子弟。且多年习武心得，尽力编写此书，不敢标门立派。只望对初学者有所帮助，对同好者提供借鉴而已。

承吴彬老师信任，于武术散手竞赛立项之初参与调研实验相关活动，更有幸在亚运会举办之前正式组织调动到在首都体育馆挂牌成立的国家体委武术研究院就职。

从武术散手训练竞赛基础建设，到武术职业化搏击实验系列赛事；从考察日本职业搏击市场运营，到观摩承接日本大相扑全过程；直至落实中国武术散打王争霸赛卫视直播、中国武术散打俱乐部联赛、泰国拳最初赛训、（MMA）综合格斗技术及赛制推广立项开展等项目，卓有成效。

自1987年6月湖北武当山散手擂台赛担当赛事解说评论，而后散打王争霸赛、俱乐部联赛、第九届全运会散打决赛、全国散打冠军赛，又及诸如“武林风”“武林大会”“终极格斗”“英雄榜”“终极勇士”“昆仑决”“真武魂”“拳星时代”“梁山英雄”“峨眉传奇”等地域性搏击赛事解说，同时兼任央视体育频道的国际搏击、职业拳击配音评论，粗略统计在8900场次。

2015年7月16日开始，承办中国国家体育总局武术运动管理中心主办的中国大成武艺（MMA）综合格斗职业联赛（含中外对抗赛），连续良性推进、培养、造就、推广众多武艺格斗明星高手，丰富了经历、开拓了视野、提高了境界、奠定了基础、瞄准了方向。

附录四

拳意诠释

德之弃也（五十二忌）

德不配位	肆无忌惮	一意孤行	胜之不武	言行不一
毫无敬畏	强词夺理	盛气凌人	口是心非	小题大做
夺人所爱	大言不惭	明知故犯	无事非生	强人所难
轻举妄动	仗势欺人	道听途说	眼高手低	信口开河
利令智昏	财大气粗	口无遮拦	变本加厉	衣冠取人
恶语伤人	言而无信	唯利是图	姑妄言之	同流合污
损人利己	见钱眼开	人云亦云	损公肥私	六亲不认
横行霸道	出尔反尔	忘恩负义	财迷心窍	鱼肉乡里
半途而废	不知好歹	见利忘义	临阵脱逃	施恩图报
目中无人	好为人师	朝令夕改	为富不仁	背信弃义
朝三暮四	投机取巧			

百感若一

百繁不如一练

拢捧把持撑抱搂挤提控拥撵挟捎

百练不如一转

挽折拨搅拱挺搞撼掖掩抖撒掏捯

百转不如一站

拂掠拦搭撅撬掀揭摞捻揉抄捞排撞

百站不如一颤

扶掺打拍挂扣扭拧揪撕抻扽攧捱

百颤不如一弹

搏捍护挡拾捡挪挒拒扳揣捣披掂

百弹不如一念

挥扬抑扼撇捺拐挎推搡抒揉择拆

百念不如一遍

摸撩搜探摧撺搁撂抽措接换捉抓

百遍不如一贯

拿握攥撮撖扦捲搅拌挼抿挩扎挣

（一）

入门不易，贵在明理持恒。意拳旨求寻全拳，而拳之全逐一而全。初识不全，求全非全，自认为全，然而不全。道无尽，无终全。

拳之全，有谓形意之全。有谓天人之全。合二为一为之全，一分为二为之全。天地初始为无，而无即全。

世间动者，动则为神意使然，因果使然。林野之鸟兽蛇虫，其动自然而然，饥则寻弱袭食，危则闻风而遁。感应于警予毫微，唯天经地义之感而感，以本能之欲而为。

今之习拳，须以拳道始，是谓拳者何为。今之悟拳，固守人为之体，非古之无为之躯。人为之躯，勉为人为之举，而难为无为之须。凡人为，必有限而为，无为则无限，故曰：无为之为乃无所不为。演艺则以悦人之所为，强身则为健体之所为，自卫则为求生之所为。此乃各行其道之所为。术，非道也。武道，大道。文武之道，天道也。武道极处必以文道生，反之亦然。文以评心，武以观德，若无心无德，则文之不文，武之不武，道安言存？

故曰，心德之全谓拳，文武之全谓拳，合道之拳谓之拳。意拳之意，贵其心，重其立，心成为根，立中有成。悟拳重拳意，无意则无拳。拳打千遍亦难悟自然而然，功到自然成，非全意，亦非全拳。道然，知其然，亦知其所以然。

（二）

拳意之本。动静之极，持阴阳，应天地，致虚极，守静笃，知止而定而虑而得。

桩者，立。中正。圆融者，通达。万应。自然。自然者，自然而然。

拳者言劲。求之生，明劲也。悟之生，暗劲也。勿求勿悟而生，化劲也。劲缘，无缘者，垂手而不可得。缘至无求无悟然已至。不求不悟可求乎？亦闻所未闻。筋、骨、髓之说，求登之阶，一通皆通。

桩者，无中生有之根本。多重其干，注其枝。若使无叶无根便无天地之灵，难生阴阳之化。

桩者其奥，叶片万端，采气附光，吮露元阳，生机天赐，何其妙也，毛发精徽，毫感斯应，遍体空灵，八面呼应，满身金光云，神来之体，通达上苍。

桩者，何其玄也，根须无计，钻岩透石，吸取五色之华浆，使与大地共受风雨之浴、共承日月之辉。何其深也，筋伸骨缩关节如簧，根基深不可测，力源巨不可挡。

桩者，吸采天地之精，其生跃跃有如神助。此桩非比彼桩也，此身非比彼身也，全拳之拳方可谓拳。

（三）

体用之妙，桩也。难得其要。实为动静之宜。动者，可为全拳，亦可不为全也。静者，可为全拳，亦可不为全拳。由静悟拳之全。静为桩，动亦为桩，动静皆为桩，全拳之所为。意得之时，灵猫欲扑却定，外感通灵。

得意，贵在静中运试。意运神动，神动筋牵，筋牵骨行，骨行体合，体合力匀，力匀则刚柔有度，刚柔有度则游刃有余，游刃有余则机变万应，机变万应自达出神入化。

万变不离其宗，皆在中。有中无正，凡事均不得立。中正静守，天地可造，意感之球，养百骸之圆。意感之树，育天地本源。

桩者，松体为先，体紧则血滞气塞，神经徒耗，脏腑虚撑，无拳全可言。体松方使神全，神全则内壮。内壮充盈，气血旺盛使神通，内通可使周身调和，外通可使形意若一。人处纷世，杂绪万千，何以为静？体处人为，身不由己，何以为松？大动之谓小动，小动即为静；小动之谓不动，不动即为静；形定谓之神定，神定即为静；神定之谓意真，意真即为静，意真之谓无念，无念即为静；无念之谓无我，无我即为静。

形动之谓力动，力动即为松；力动之谓意动，意动即为松；意动之谓神动，神动即为松；神动之谓外感，外感即为松；外感之谓无欲，无欲即为松。

无欲至极，唯感是应无极，空空如也；无欲至极，否极泰来。

桩于天地，上下为熔炉。由表及里，由此及彼，终使相化，化似为无，涅磐重生。

体认于松静，内外皆为天然。由浅入深，由散入整，先使筋骨相合，再使意感相合，更使意力相熔，由有意无力至意即为力。

桩之体认，干躯为桩，枝条亦为桩，干躯之桩力浑元，枝条之桩亦浑元；一动无不动，无微而不合。身为浑元即为桩。动静为桩，松紧为桩，有意为桩，无意为桩。慢为桩，快为桩，收为桩，发为桩，意力皆浑元使然。

（四）

力由试而知。试者，可有可无，可深可浅，可进可退，可大小，可轻重。试者所求，度也。度之所依，量也。知彼知己，度量而已。度己之利害，度彼之短长，得失可先予，胜负莫失量。

桩熔意中力，试之为度量。假借无穷力，不试永不详。寸力非半尺，精微显神奇。力成之因于外，力生之源于内。故曰：离开己身无物可求，执着己身永无是处。力在身外游，内应一统求，彼此合谓力，单论定失谬。

全拳之力谓元神，手、眼、身、耳满精灵，贵在因果应合间。

初试常无便试无，知无已是试力初，松静度无勿过望，直钩坐定吕尚公。来者自来自然来，引者自引自然引，莫叫冒失莫失怠，礼数失度万事衰。先做桩势正心源，源正心清天地开，开地思泽润万物，春风细雨生机来。此情此景无胜有，有无之际感众生。润物无声亦有声，勿忘勿助静观心。

拂球捧球球生灵，若吸若膨细应承。天地一身，身应性通。气满球圆，活弹筋展。轻挤轻拉开，开合延内外，相交知彼此，相试力全拳。主动被动，大动小动，明动暗动，彼动己动，长动短动，轻动重动，间动连动，一动全动，不动生动，动极不动。

球水中灵，意波与涌，微波逍遥，悠然忽然。落球生浮，起球手沉，相反相成，顺逆横生，动静不由己，前后左右中。收扣生冲力，扬放顶力争，吞吐遍体随，浪荡走蛟龙。

展掌十簧，伸系林莽；进退挂周全，钩锉悟精妙。顶簧回力无穷，引簧身蓄强弩，星星点点为进进退退，行行止止因不得已而为。形不破体实为难得破体，力不出尖为出不了尖。

直来直去对彼，扭旋缠针裹棉，有利无利唯我用，处处习钻环中变。直中曲折，棱角螺旋。杀机四伏，随时惊雷炸顶，丢顶横竖授人以柄，点圈左右得失之间。试声实为试力，声由内发，音由振发，起于腹，导横隔，撞胸颅；鼓震波，传毛骨，可兴奋，可惊然。声宜深，气宜匀，体宜松；音宜透，意宜应，波宜远；有声为试声，无声亦为试声。声由内转，波及肺腑，声由内返，荡骨扬发；振感身外，枝抖叶随，筋索如弦，弦音不绝，可使合律共鸣，试之而有感有应。

试声善品味为佳，非余音绕梁不绝不得其妙，非声波回肠荡气彼呼此莫不得其要。

试声实为内外鼓荡之声力合为，人之烈咳声不由己，身亦不由己；兽之危吼，一触即发安可擅为！闻者肝胆俱裂，声摧？神推使然。声贵悠扬，身心内外悦而通。声贵顿挫，松紧虚实明而清。声贵迸发，运力运声理皆同。声贵应合，相依合谓知也。

（五）

大气力波之弹性。呼吸最精微，毛孔须开合，细泉浸灵穴，涓流透玉沙，清风掠空谷，呼啸动山林。初试运六心，掌心应本心，本心似鼓膜，顶心暗缩合。皆如吮附，使微风往行，膜为之轻拂，发为之轻摇，筋为之伸，骨为之缩。以六心助寻，口鼻为本，本心为源，遍体为布。息分内外，全息为真息，内为己身，身外皆外。全息贵通，通贵感应，吸如抽吮，呼如哺乳，近感微毫，羽丝跃跃，远应天外云光，及此亿亿胞核一一，及彼万万生灵一一。待至精妙，内即为外，外即为内，此即为彼，彼即为此。此吸彼呼，此轻彼重，此紧彼松。

意感为气身为气，意觉为水身为水。鱼水谓鱼，鸟风谓鸟，猿林谓猿，大气为波即水即风即林之于鱼于鸟于猿之呼应也。

鱼之于水得逸于鳞鼓舞，鸟之于风得逸于羽摇荡，猿之于林得逸于毫振扬，青萍之末，妙逸之微，劲风之渊，劲力之源，精察可得也。

人之毫发可百万计。毫发于人百万归一，牵一发可以动全身，唯神明可以察秋毫，然一丝不苟自然神明，遍体毫发皆注神明。发乃血之余，源也。发乃神之微，灵也。

今人之发多愚钝，如根芽之枯萎；修意之发多灵慧，如须叶之萌勃。培桩意重生机，唯根叶是尊，雨可求，露可求，霜可求，雪可求，雾可求，云可求，霞可求，皆根叶之所为。然桩之生机，非毛发通萌不可成。毫发之感，初为无，须诱其有；初为芽，须诱其伸；再为蔓，须诱其延；又为之于藻，唯波荡是听；更为蟀之须，拨探搜寻，灵意灵机遍体。

生灵注本，使身松柔，使神精活，有感斯应。毫发之感，初为有，须诱其强；初为刺，须诱其锐；再为剑，须诱其刃；或为戟，须诱其附，更为挥斩飞矢流蝗，触即发，斩立决。

毛发飞刹，毫末悠扬，渐使体生万丝通连天地，皆互为抽牵，遍体肌骨相合，内外相应，一动无有不动，无微而不合，神出也。

神出则光现，惚兮恍兮意达至臻。光者，极速；光者，极微；光者，极广；光者，极强；可飞赴环宇，可无孔不入，可洞察秋毫，可无坚不摧。水生气，气生神，神生光，透体光明，云腾霞飞，神光旋绕，气宇非凡。乃微妙玄通，为善土也，以明净精微极境，无死地，无困厄，而先知先觉，所以万化由心，容无限宇宙而不得。切忌虚妄托仙，人为玄异而误人误己。唯诚求唯是。

后记

传武弘道

一本高水平的专业图书的出版过程，是一个作者、外脑等互相磨合的过程。作为编辑人员，有幸在这个过程中，得以最充分地学习最专业的见解，最前沿的思维，并贡献自己的一愚之得，无疑是思想意义上最大的幸运和收获。即将付梓之际，聊作数语，以为续貂，就教于各位读者。

在接到本书的书稿前，编者是有着严重的困惑的：近年来，传统武术受到了越来越多的“挑战”、质疑甚至否定。而一些传统武术的热爱者、习练者，也进行了激烈的辩论。但是，在这个新的时代，传统武术应该如何自处？如何发展？却并没有形成一个清晰的认识。“否定”和“坚持”的两种意见，各有理据，一次次很轻易地就挑起“很拉流量”的口水战，却难以形成辩诘后的辩证的统一的认识。直到编审了本书的书稿后，才使我有了对传统武术在新时代的挑战和机遇的更深层的认识。

首先我们要明确，中国传统武术与中国戏曲、中医等，是直接作用于中国人的现实的身心的中国文化的现实的载体。对中国传统武术的态度，就是对中国文化的态度。事实上，在今天的中国文化对外传播的事业中，中国传统武术以其展现的中国人的独特的精神气质、价值观念，成为这个事业中的一个“主打品牌”，先是以影视作品吸引了粉丝，又通过传统武馆与孔子学院等渠道，在全世界培养了越来越多的习练者、传播者。对中国传统武术，我们只能弘扬，不能否定；只能与时俱进，不能固步自封。这就需要我们认识清楚两个基本的问题。

第一个需要认真回应的问题，就是一些舆论关于传统武术的“实战性不足”的质疑。事实是，不论东方还是西方，在长期的人与自然、人与人之间的生存斗争中，武力的不断强化都是必需的。而在工业革命以机械的力量，越来越广泛迅速地取代人的自身力量之前的数千年的历史中，能够生存发展下来的民族，都会形成符合自己的特点与环境的“搏击术”。这些“搏击术”，都是对自身的力量、技巧、反应速度、精神意志等的长期训练的系统化的总结和传承发展的结果。只要是生存发展下来的民族，其“搏击术”就没有高低强弱的区别，只有适用于什么样的时空环境的区别。不可否认的是，随着现代工业文明到信息文明的不断发展，个人的徒手或冷兵器的搏斗的技能，在现代的军事和治安活动中，进而在普通人的生活中，其作用是越来越弱化的。越是文明发达的社会，所谓的“搏击术”，就越倾向于表演性、娱乐性。所谓“实战性不足”，并不是“中国传统武术”的“原罪”，只是中国经济、科技水平已经进入了现代世界的前沿的，一个合乎逻辑、顺应趋势的现实表现。因此，在所谓“实战性”议题上，妄自菲薄或者过激地对待否定“传统武术”的声音，都是对社会发展的现实没有充分认识的表现。

第二个需要辨析的重大问题，就是所谓的“科学性”。毋庸讳言，中国是在近代以后，才在一次次救亡图存、发展超越的实践中，不断地认识到现代意义上的科学技术的意义、内涵，并不断地学习赶超的。这不可能是一个从容的过程。在这个过程中，必然会有一种

"急用先学"的"实用主义"的态度。在这个"急用先学"的过程中，对传统武术进行现代科技意义上的研究、总结、训练，肯定是一个排在很靠后的位置上的任务。甚至可以说，是一个被放在了远远落后于时代发展的位置上的任务。因此，对大多数受过系统的现代科技训练的、在现代中国处于中坚地位的群体而言，认为传统武术不"科学"，就是一个很自然的"共识"。但我们需要辩诘的是，中国传统武术，是中国的先民立足于自己的身心素质，适应本土的环境需要，建立发展起来的中国人的搏击术的体系。西方人没有义务为中国传统武术做出系统性的科学研究和总结传承，中国人在这方面又不属于需要"急用先学"的，自然会使对中国传统武术地科学研究和传承，显得落后薄弱。今天我们要做的不是简单地以"不科学"来否定中国的传统武术，也不是非理性地排斥现代科技对中国传统武术的审视、质疑，而是要以积极的心态，真正在中国传统武术的习练、传播、发展中，以现代科技的手段，对其进行挖掘扬弃，才能使中国传统武术在新的时代，真正行稳致远。

明确了以上两个问题的认识，就可以使我们更深入地理解，更有效地弘扬中国传统武术在新时代的中国和世界的意义。

时至今日，我们应该有一个真正的开放自信的心态：接受各方面的质疑，特别是各个现代化国家的主流文化的，基于现代科学的质疑、批判，以及在现代科技指导训练方面，各有所长的各种搏击术的挑战、冲击，甚至一些带有市场炒作意图的激烈的批评，就是中国传统武术必须进行的，更广泛的、更具有时代意义的意志的磨砺和思想的突破，是更高的意义上的"马步桩功"。这个过程，不会冲淡、终结中国传统武术在树立中国的文化自信，进行中国文化的全球传播中的意义，反而能够真正实现包括中国武术在内的，中国传统文化的与时俱进、交流互鉴。这才是越来越自信、越来越开放的中国，对待自己的历史文化传统应有的气度。

本书的作者刘普雷先生，由一位家学渊源的习练者起步，遍求名师，博采众长，在各位前辈的期待与后学的拥戴中，顺应时代的潮流，努力推进以商业化为核心的，中国传统武术向散打事业的发展以及与其他搏击术的交流的事业，亲力亲为，成为这项事业的奠基者。而在从初学者到如今的一代宗师的几十年间，还能坚持每日进行最基础的，也是最重要的桩功训练，站桩时间累计超过三万小时，足以为天下习武者之楷模！而今，先生将自己的毕生的心得，整理成系统的文字，传之后世，足见先生对中国传统武术、对中国文化的一片赤子心怀。

刘老师擅长指导擂台竞技的技战术布署，常年主管全国武术搏击职业赛事运营，且自身武功造诣很高，并贵在深悟中华武艺的原理，更身体力行并实践优化。他桩功坚实，既无坚不摧又虚实无定，身法步法异常轻灵，对于敌方的威胁控制恰到好处。我在编审他的书稿的过程中，有幸和刘老师学了点花拳绣腿练桩法，他指导我重点完善攻防备势的基本功，对于重心、间架、协调、矛盾、距离反应的互制性等，高度强调体位、角度、换位、移动中的矛盾掌控和偏闪结合进退，以及游斗拼打和穿插纠缠，讲授非常详细实用，确实体现出丰富的经验和严格的标准，这就是判断准、降得住的言传身教。他这本书详尽深入武功迷宫般的殿堂，直面世人看似熟识又难解其惑的认知和观点，客观解读讲述武术天地的原理与要素，认真展开技击的由来和本质，更发挥诸多武谚功法与现代体育科技丰富数据和实例分析的透视剖析。在作者笔下，漂亮的闪展腾挪不在于耀人眼目，沉稳的桩功实架不在于超出物理法则的骇人效果，整体关节合力、大小肌群协同、神经电脉反射等都得以娓娓道来，如数家珍，我亲身体验，深有感受，脑洞顿开。阅读他写的《拳意图释》，对于善练并尊重武学规律的各阶层人士，都属开卷有益，习必有得，仁智千秋，温故知新。在先生的著作出版传世的过程中，有幸编读，亲聆教诲，确有拨云见日之感。最终尽到自己的一点绵薄之力，贡献一孔之见，实感与有荣焉！

本书还得到吴彬（原中国武术协会副主席，原北京武术院院长，原北京武术队总教练，李连杰的武术指导）和霍震寰（亚洲武术联合会主席）两位先生的推荐。以中国传统武术为代表的中国文化的发展弘扬，需要越来越多的人，投入越来越大的力量。我们只是微不足道的传灯人。期待着能引来更多的洞烛激荡，汇成冲破一切门户之见的磅礴力量，并最终汇入中国文化发展创新的千秋伟业！

钟轩宇

2019年6月6日